儒家精义：道

宋一霖 著

一霖儒家道义研究系列

中山大学出版社
·广州·

图书在版编目（CIP）数据

儒家精义：道/宋一霖著．—广州：中山大学出版社，2014.3
ISBN 978-7-306-04800-4

Ⅰ.①儒…　Ⅱ.①宋…　Ⅲ.①儒家—研究　Ⅳ.①B222.05

中国版本图书馆 CIP 数据核字（2014）第 007445 号

出 版 人：徐　劲
策划编辑：徐诗荣
责任编辑：徐诗荣
封面设计：柳国雄　林绵华
责任校对：李　霞
责任技编：黄少伟
出版发行：中山大学出版社
电　　话：编辑部 020-84111996，84113349，84111997，84110779
　　　　　发行部 020-84111998，84111981，84111160
地　　址：广州市新港西路 135 号
邮　　编：510275　　　　传　真：020-84036565
网　　址：http://www.zsup.com.cn　E-mail:zdcbs@mail.sysu.edu.cn
印 刷 者：广州中大印刷有限公司
规　　格：880mm×1230mm　1/32　7.875 印张　181 千字
版次印次：2014 年 3 月第 1 版　2014 年 3 月第 1 次印刷
定　　价：35.00 元

中国有一个道统，尧、舜、禹、汤、文、武、周公、孔子相继不绝。我的思想基础，就是这个道统；我的革命，就是继承这个正统思想来发扬光大。

——孙中山

序　言

道，是儒家思想、儒家学说、儒家文化的精华要义。学习中国文化，必学儒家；学习儒家，必须学道。

遗憾的是，现在撰述儒家的著作已属不少，却鲜见系统完整阐释儒家之道的专著。这样，势必把永恒常在和富有生命活力的儒家大道真理蜕变为支离破碎的词句，或任意割裂剪裁而把儒家思想体系支解为偏执一端一理的片面之词，或固执先圣先贤先哲因应远古时情的具体言行而僵化停滞，从而害已、害人、害社会。

孟子说过，广博学习并详细解说，是要由此返回到能简易陈述精义的地步。这，的确是我们学道、通道的正确路径。

这本书，以《周易》、《尚书》、《诗经》、《仪礼》、《周礼》、《礼记》、《春秋左传》、《春秋公羊传》、《春秋穀梁传》、《论语》、《孝经》、《尔雅》、《孟子》以及《荀子》等儒家经典为基础，对我过去几年出版的《中华开源大圣》（上下册）、《儒家道义记》、《儒家故事解读》、《儒家道义新解》五本书作了必要的修正补充，可以视为上述几本书的浓缩修订提升本。它尝试对儒家“龙头上的眼睛”、“皇冠上的珍珠”——道作一初步系统的整合，以弥补儒家研读中的不足。

可喜的是，在我完成本书之际，重视中华优秀传统文化的复兴浪潮正在神州大地兴起，这也许是一股不可抗拒、不可逆转的历史潮流，尽管还需要我们走很多的路、很长的路……

但愿本书的出版，能给诸多学子提供必要的营养，能启发有志之士作出更多更好的创造，从而帮助朋友们依据儒家大道真理为个人幸福、家庭和睦、地区发展、民族振兴、世界和平作出新的贡献。

宋一霖

二〇一三年十一月于广州

目　录

导　　言

日常生活告诉我们：出门走亲访友，如果不辨方向，不明道路，这就只是行路而已，我们不能到达自己的目的地。

我们也知道，养生健体，一天三餐总是免不了的，进行必要的保养、医疗也是不可缺少的，且需长年如此。而对于充实精神、养育心灵，我们又花了多少工夫呢？这样能身心健康吗？

我们还知道，就业以及学习专业、技能、才艺，少说也要花三五年，而学会做人之道，在纷繁复杂的人世立身进取，我们又真正花了多少时间呢？

我们更看到，时代在不断变化，新问题层出不穷，国际国内挑战困扰世人。新的时代需要新的应对，过去我们熟悉的老一套常常不符合新的时代需要，但是又有多少人想到应该更新思维以适应时代变化呢？

可以说，清醒的人并不多。相反，正如杯子盛满了水再也倒不进新水，很多人的思维僵化了，符合自己过去思维的旧东西很快吸纳，不符合自己过去思维的新东西一脚踢开。这，潜伏着自己落后于时势而遭到淘汰的风险。

这篇导言，将帮助你了解中国的主体文化、主流文化、主导文化——儒家文化的精髓真谛和最佳智慧——道的大体情况，从而带你走到儒家圣殿的门口，为你学习儒家之道奠定初步的基础和做好初步的准备，以进一步掘取儒家真道的丰富宝藏。

本导言将集中阐述什么是儒家之道以及复兴儒家之道的现实意义两个基本问题，这是学习儒家之道务必弄清楚的基础问题和实用问题，否则就会留下重要空白和迷失学习目的。

第一节　什么是儒家之道

道，一般是指道路，但不是具体的道路，而是抽象的道路，人所其由、人所共行的道路。道，是多种多样的。

我们在这里所讲的道，专指儒家之道。

道，是中华历代圣哲传承并由孔子集大成的关于天地、万物、人世、人生的信仰体系、基本规律、根本原理、普遍共性和变化奥秘。经中华圣哲的传承和儒家经典的记载，道的根本已经种植，道的源泉已经浚通，它主要由天人合一、则德合一、常变合一、知行合一、治乱合一、殊途合一六大基本精义相辅相成。

一、道的地位

儒家思想和儒家文化源远流长、博大精深、丰富多彩，道则是儒家思想文化中的最高真谛、信仰体系、根本原理、实质内核、思想基础和最佳智慧，犹如龙头上的眼睛，皇冠上的珍珠。离弃了道，也就斩断了儒家思想和儒家文化的根本，也就堵塞了儒家思想和儒家文化的源泉，这样势必把富有生命活力的儒家真理蜕变为支离破碎的词句，固执拘泥的教条，陈腐不堪的老调，随心所欲的玩物。学习中国文化，必学儒家；学习儒家，必须学道。

二、道的传承

道的传承历经了漫长的岁月，从中国传说中最早的圣王伏羲氏制作八卦象征天地、万物、鸟兽、人世、人生的变化开始，炎帝神农氏发明最早的农具——耒耜始教万民耕种而开创农耕文明，黄帝轩辕氏平息炎帝榆罔、蚩尤和诸侯混战创立最早的国家，唐尧顺应天道运行制作农历，虞舜倡导人伦成治天下，夏禹治平洪水拯救万民，商汤讨伐夏桀平乱反正，周文王施行仁政奠立国家基础，周武王兴师伐纣创立新周，周公平息叛乱制礼作乐，孔子一生奔波匡乱而修订六经，教化弟子贤人，以及亚圣孟子弘扬仁德仁政修性，后圣荀子倡导礼法治理国家。伏羲、炎帝、黄帝、唐尧、虞舜、夏禹、商汤、周文王、周武王、周公、孔子以及孟子、荀子等中华历代圣哲在漫长的历史实践中一脉相承而由孔子集大成形成了道的传承系统。由此可见，儒家追循古圣、注重入世、担责兴亡、修德讲法等的传统和儒家的创立者们在历史实践中传承教义的背景关系极大。

三、道的记载

从道记录于文字的角度看，古人的说法有一定道理：人类未生，道在天地；人类既生，道在圣人；圣人已没，道在六经。这就是说，道，既是客观存在的，它客观存在于天地、万物、人世、人生之中；又是人为传承的，它为中华圣人们历代传承。

儒家经典，是道的主要文字载体，学道必读儒家经典。

儒家经典，春秋时期，孔子修成“六经”（《诗》、《书》、《礼》、《乐》、《易》、《春秋》），汉代存“五经”（《乐》亡佚），唐代“五经”成“九经”（《诗》、《书》、《易》、《仪礼》、《周礼》、《礼记》、《春秋左传》、《春秋穀梁传》、《春秋公羊传》），从宋代起，在唐代“九经”的基础上又加上《论语》、《孝经》、《尔雅》、《孟子》，合称“十三经”，宋代又提出“四书”“五经”，今世“十三经”若加上战国时期“后圣”荀子的《荀子》，似可称为十四部经典。

这十四部经典各有所重：《周易》言变，《诗经》言志，《尚书》言事，“礼”（《仪礼》、《周礼》、《礼记》）言行，《春秋》（《春秋左传》、《春秋公羊传》、《春秋穀梁传》）言义，《论语》言仁，《孝经》言孝，《尔雅》言字，《孟子》言修性，《荀子》言礼法。十四部经典相辅相成、融会贯通、合而为一，彰显了儒家思想和儒家文化的精华要义——道。

四、道的精义

道，注重内修圣人之德而外行圣王之道，它可以应用于修身、做人、行事、齐家、治国、平天下各个层面，是具有无限张力的真理认知和行为指导。

道的内涵极其丰富，自成条理，它主要由天人合一、则德合一、常变合一、知行合一、治乱合一、殊途合一六大基本精义相辅相成。

1. 天人合一的信仰支柱

天是主宰，皇天主宰一切，即指终极规律、绝对真理、普遍共性和变化奥秘在主宰世界的一切。

人性为本，人性是以利为本的。肉体需求、情感需求、社会需求、精神需求共同构成健全的人性和健康的生命，人性善恶兼俱、善恶交织。

天人之间不是彼此割裂的，天理下贯人性，人性上达天理，天理与人性是贯通合一的。

2. 则德合一的生活原则

公则，是天下之人的公共行为准则，是人存于世的起码规矩和行为底线，是道行于世的具体体现。奉守公则，人就可以成为一个合格的社会公民。

德行，是一个人内心存德并付诸行为，是道存于身的具体体现，修养德行，人就可以成为一个自觉的社会义人。

则德合一是说，奉守公则是修养德行的前提，修养德行是奉守公则的自然延伸，奉守公则和修养德行是贯通合一的。

3. 常变合一的人生智慧

常道，是恒常不变的信仰、公则、德行，顺应天理、因循人性、奉守公则、修养德行，是人辨别善恶、好歹、是非的准则。

权变，即权宜变化，因应时间、地点、对象、情况而变化，权变是儒家生命活力之所在。

道含不变常道和权宜变化两端，两端相辅相成、融会贯通、合而为一才组成道的全理，只持一端势必造成祸害。

4. 知行合一的实践根据

知为知道，了解道，认识道。了解、认识了道，也就把握了天地、万物、人世、人生变化的根本，人才可能成为一个明白人生活于世。

行为行道，实行道，实践道。“人能弘道，非道弘人”，行动、实践是使道弘扬于世、以道改善世界的不二法门。

知道是行道的基础，行道是知道的目的，知道和行道共同形成道的运行，知道和行道务必紧密联系利益、法纪、教化、技能、器用、成势、制度等诸多因素的若干义理。

5. 治乱合一的历史奥秘

治世，即成治之世，奉道而行的世代，具体又可以分为大道之行的大同世和大道既隐而礼义犹存的小康世。

乱世，即天下无道，混乱无序，人人放纵私欲而不知节制，灭绝天理而穷尽人欲，人心败坏，逆乱风行。

自上古起，中国历史就陷入治乱周期循环的怪圈，人称“民族之咒”，究其根由和奥秘，则在于行道与否：有道，天下成治；失道，天下必乱。

6. 殊途合一的大道共识

殊途，是指儒家和道教、佛教、印度教、犹太教、基督教、伊斯兰教等宗教在教义、仪式、诉求、故事、律法、伦理、组织、物质形式等诸多方面存在显著差异。

殊途合一，则是指儒家和诸历史宗教之间虽然存在多方面差异，但儒家和道教、佛教、印度教、犹太教、基督教、伊斯兰教等历史宗教在最核心义理和最根本义理——道上也存在显而易见的同归性、一致性、共同性：至上主宰，人性为本，主人同一，律法公则，伦理道德，善恶报应，灵活应变，等等。多元之中见同一，同一之中含多元，显示出人类思想和人类智慧繁荣的发展前景。

第二节　复兴儒家之道的现实意义

现在，我们面临着复兴儒家之道的新形势，任之重而道之远，前景尚难预测。但是，无论如何，基于儒家之道凝结了中华民族的最佳智慧并与世界诸宗教的大道具有共识，它无论对于我们个人的生活实践抑或民族的社会实践，都具有难以估量的实际意义。

当然，我们需要声明，儒家之道并不是包治百病的万应灵丹，它不一定能现成套用就直接解决你的问题，但它能给你良好的信仰支撑，正确的生活原则，立身的根本原理，坚实的思想基础，精妙的思维智慧，以此结合分析具体的时间、地点、对象、情况，你就能找到正确的应对方法，采取合宜的应对行为，从而得到良好的结果和优异的效益。你不相信吗？可以试一试，从自己开始，推己及人，再延伸开来，你一定会大有收益的。

下面，我们谈谈复兴儒家之道的五个实用价值和现实意义。

一、树立人生的正确信念

人，是万物中有精神、有灵魂、有灵性的高级种类，精神不能没有引导，灵魂不能没有安顿，灵性不能没有皈依。儒家之道，倡扬规律、公理、公义，注重人性为本，并且揭示天道与人心是下通上达的，即天人合一。这种信念能使人知道敬畏，精神充盈，能在纷繁浮躁的世间给人提供精神支撑并使人保持平和心态，从而派生出合理合宜的言行。

比如说，人们常常希望自己的生活一帆风顺，不断上进，认为这才是生活的常态。而儒家之道昭示，并非如此。由于个人行为和环境影响，人并不能总是一帆风顺且不断上进，飞跃、上进、踏步、下降、沉底都是生活的常态，都需要我们正视而平静应对。群星闪烁游动，太阳东升西沉，四季寒暑循环，变化才是走向，稳进只是期望。可是，一般人却知进不知退，知得不知失，知存不知亡，这就陷入一成不变的泥潭了，难免顺利时得意忘形，挫败时灰心绝望，难以平静应对不断变化的世态人情，也难以成为一个深明生活常态而进退合宜的自觉智者了。

正是鉴于精神信念对人言行的指导效用，周公要求周成王从小就早晚祭祀、祈祷，周成王虽身居王位却知敬知畏，勤勉治政，成就了周朝初期的治世——成康之治。

二、明确生活的普世原则

一个无信仰的人，他不相信什么东西还能高于自己，自己还需要敬畏什么，他只认定个人私利、自我高于一切，“人不为己，天诛地灭”。或者毫无生活原则，见利就逐，见钱眼开，见娱即悦，混过一天又一天，糊里糊涂混过一生；或者唯我独尊，顽固坚持自己的生活原则，固执到底也不求改变：其实，这种完全以自我为中心的生活原则仅仅对他个人有意义，对他人便毫无意义，因为他人也会有自己的生活原则。如此下去，人与人之间只会越来越有隔膜，越来越冷淡，越来越难以沟通，越来越孤独，越来越离散……

我们所说的生活原则，是指普遍原则，是普遍适用的生活原则。人人唯利是图而无所不为的必然结果，只能是个人的重重碰壁，或者社会的分崩离析，或者高度的极权专制回归，或者被他人趁火打劫。

一个有信仰的人，由于他相信存在着高于自我的上天，相信人应该知道敬畏，也就明白人存于世应有公共行为准则和人生于世应修养德行良知。也就是说，人生存于世和生活于世应该遵循公共的普遍生活原则。

中华圣哲对此早有研究，经典记录清清楚楚。可是，两千多年的漫长岁月过去了，我们现代人就不用奉行人世共处的行为公则和修身养性的德行良知了吗？未必如此！因为今世相当多的人受外界邪魔的迷诱和内心贪欲的驱使，失去了信念，失去了敬畏，失去了底线，失去了道德，走上了唯利是图而无所不为的歧途。

而儒家之道，能让你克服迷惑混沌的生活态度，给你以支撑，给你以平和，给你以做人做事的常道正理，它坚持以不侵占、不伤害他人为核心的行为公则和倡扬以仁爱为核心的勤俭、革新、仁爱、正义、礼敬、智慧、诚信、宽容、谦虚、谨慎等美德，是一整套人生存、生活于世的行为公则和道德素养。把握了它才能确保你一生平安、吉祥，教育出来的后代才能走上持久发展的道路。

尽管种种恶风恶习还在滋生、蔓延，但我们要相信善恶报应的天道人理。民间盛传“人在干，天在看”、“天网恢恢，疏而不漏”、“人可欺，天岂可骗”这些话语，自有道理在其间。

三、学会世事的权宜应对

我们要把握生活的常道原则，但这仅仅是一方面。我们还要看到，世界是多变的，环境是复杂的，世事是纷繁的，人性是善恶交织的。这些状况常常令人茫然失措，迷惑不解，穷于应对：一些人进退失宜，一些人知其一不知其二，一些人善恶过头，这都会带来人生的挫折和失败。

儒家圣哲以言以行告诫我们，在把握常道的同时，必须学会权宜变化，即根据时间、地点、对象、情况的变化而权宜应变，切忌顽固不化、一成不变、固执己见等偏颇一端的迷误，达到秉常道知权变的道全境界。在这一思维方式上，儒家之道体现出来的智慧是独树一帜的，它分析、应对变化的思维方式之完善、精妙，不能不使人叹服。

中华最早始祖、三皇五帝之首伏羲就制作了象征天地万物变化的八卦并贯通了神明之德，岂是偶然？

周文王因为不满商纣残贤害民，被拘囚于羑里，姜太公等文王臣友知商纣王贪婪好色，以狗、马、奇物、珍宝、美女贿赂商纣，商纣看着美女惊叹："有此一物已足够了，何况这么多？"文王这才得以释放出狱，得到商纣的信任，行仁伐乱奠定了灭商兴周的基业，而谁又会非议文王及其臣友的逆取正守行为呢？

周武王顺时应势讲时机，继文王为周邦之君九年不动；见商纣淫虐加剧，出师孟津观兵势，坚持不期而会的八百诸侯退兵孟津，"尔等未知天命"；商纣王邪恶至极，众叛亲离，武王果断出兵伐纣，牧野一战败灭商纣，"时哉，不可失"。征战结束，武王偃武修文，放马归牛，及时从武战转为文治。周武王应时而为，犹如舟船顺波起伏，颇见节奏，终成灭商建周功业。

孔子也不是拘泥顽固的人。可以进则进，可以退则退，可以久则久，可以速则速，无可无不可，与义同在。一生或做官，或讲学，或游学，或著书，进退速久应时而为，灵活弘道行道。

中华圣哲的类似秉常达变举措，在儒家经典中比比皆是，因为这是儒家之道的生命活力之所在，怎可弃置？可是一些人一讲到儒家，一谈到孔子，就指斥为保守，这太不了解儒家真道了，也错怪孔子他老人家了。这种误判的根源在于把秦汉以下的儒家思想、儒家文化混同于中华古圣先哲的儒家真道了。这种谬见务须纠正！

对儒家圣哲禀执常道和权宜变化相互关系的道理，儒经《春秋左传》中作了精彩、恰当的点睛概括。

> 前《志》有之：“圣达节，次守节，下失节。”
>
> ——《春秋左传·成公十五年》

这就是说，圣人通达节制，次一等的谨守节制，下等的失去节制。展开来说，圣人知道节度和常道原则，也能权宜通达；次一等的谨守节度和常道原则，却不能权宜应变；下等的失去节度和常道原则，唯利是图而无所不为。也许可以说，这就是圣人之道、君子之道以及小人之道吧。

学习儒家之道，能帮助我们学会圣人的“达节”，提升次一等的“守节”，规制下等的“失节”，走上秉常道而通权变的“道全”人生通达道路。有人说，君子胜不过小人，也许败因在于君子守节不通变吧？也有人说，道高一尺，魔高一丈，这其实是对道只作常道正理一方面的理解，须知和权宜变化相辅相成的“道全”才是完全真理。

一些朋友会说，奉行圣人的“达节”太难做到了。的确不容易做到，但也不是不可能。其实，圣人并非那么神秘而可望不可及。秉道而行，人人皆可成圣。

四、营造和谐的家庭关系

当代家庭关系陷入了危机，离婚率上升，家庭关系变差，唯我独尊屡见，父母子女关系理不顺，许多家庭名存实亡，人生活于世的后方和避风港湾不再稳妥可靠，给众多男女老少带来痛苦和困扰。

在古代社会，为稳定家庭关系和夫权家长制，盛行“三从四德”：女子在家从父、既嫁从夫、夫死从子，妇德、妇言、妇容、妇功。这显然已经不合时宜。因为女权意识已经觉醒，男女都有平等的权利。

怎么处理好现代家庭关系呢？回归到中华圣哲的教诲，儒家之道给予我们的是“推己及人”的指导原则。

第一，敬己为大。孟子说：“天下以国为本，国以家为本，家以个人为本。”个人是家庭之本，根本立而家兴旺。家庭每一成员都要敬重自己，敬重家人以敬重自己为大，责任能担当，言辞少过失，行为少差错，自己要立得住。

第二，由己及亲。敬重自己推及敬重父母，敬重丈夫或妻子，敬重儿女，敬重亲戚，形成良好和谐的家庭互动关系：父义，母慈，兄友，弟恭，子孝。这种家庭关系是相互关联的，不能仅仅要求一方，如父亲合宜，母亲慈爱，兄长友善，为弟恭敬，子女孝顺。

第三，由亲及人。敬重亲人推至敬重他人，敬重自己的父母到敬重他人的父母，敬重自己的丈夫或妻子到敬重他人的丈夫或妻子，敬重自己的子女到敬重他人的子女。这样，不仅家庭关系和谐，社会关系也和谐了，这就是中华古圣倡导的推己及人之道。

第四，讲讲孝道。在这个子女如何尽孝的问题上，也存在许多迷误。父母生我养我备受艰辛，随年岁推移日渐衰弱，父母生计困难时赡养父母，赡养父母怀疼爱之心，疼爱父母还要尊敬父母，父母疾病时最需要关心，父母去世尽到悲哀之情，父母忌日要诚心祭祀。当然，孝道并不是说父母之言、父母之命必须一切听从，对父母不合理不合义的言行子女也可以提出劝谏，这样可以使父母不致于陷于“不义”。孔子说：“从父之令，又焉得为孝乎?”(《孝经》)

总而言之，中华民族是一个非常重视家庭亲情的民族。也许这一敬己为大、由己及亲、由亲及人、孝敬父母的推己及人之道，能为我们缓解当下家庭关系的恶化并营造和谐的家庭关系，以至为社会关系奠定必要的基础和正确的原则。

五、创造良好的社会环境

我们从个人修身做人、亲和家庭的角度讲了复兴儒家之道的现实意义，但儒家的思想并不是仅仅停留在个人或家庭上，它在“治国，平天下”的宏观层面也有精彩建树。为什么要从个人、家庭推到国家、天下?道理很简单：个人、家庭的变化会影响社会环境的变化，社会环境的变化也会影响个人、家庭的变化——人并非生活在真空中，人与社会环境是互动的。

犹如开车，车辆行驶的需要推动道路的建设，道路的设置也规制着车辆的行驶，你不能离开道路去自由行驶。道路不合理，你只能随遇而安，或维修道路，或开出新路，你不能无视道路对行车的影响。

而一个社会环境能否奉道而行并设置制度匹配，将决定这个社会是成治或陷乱、长治久安或盛过即衰的关键所在。中国古代社会之所以一治一乱周期循环、远古社会之所以盛过即衰，根源就在于天下未能行道、天下未建立起良好的制度匹配。儒家之道，对于天下行道与否定治乱、奉行大道需要与良好制度相匹配的原理作了精湛的论述，至今仍具有重要意义。

> 孟子曰："天下有道，小德役大德，小贤役大贤；天下无道，小役大，弱役强。斯二者，天也。顺天则存，逆天则亡。"
>
> ——《孟子·离娄章句上》

这是在讲有道与治乱。

> 荀子曰："圣也者，尽伦者也；王也者，尽制者也。两尽者，足以为天下极矣。故学者以圣王为师，案以圣王之制为法。"
>
> ——《荀子·解蔽篇第二十一》

这是在讲行道与制度相匹配。

当然，实践儒家之道对于个人、家庭、群体、社会的现实意义和历史意义远不止此，受篇幅限制，我们也只能择其要领、点到为止了。

在此，我们初步了解了什么是儒家之道和复兴儒家之道的现实意义两个基本问题，但还远远不够周详完备，远远不能反映儒家之道的源远流长、博大精深和实用价值，要达到道甚至奉行道，还需要大家锲而不舍地学习、践行。因为道是我们修身、做人、做事至齐家、治国、平天下的恒常真理、根本原理、思想基础和人生智慧。有了道的指导，我们就不会走邪路、犯大错了。

只是，我们不可忘记：孔子三十而立，孟子四十通道，荀子五十游学为师，郦食其六十说服刘邦，姜太公七十遇文王。我们要到什么时候、在什么年龄，要作出什么样的努力，才能够走上学道、通道、立道、行道、同道的通达大路呢？

这，取决于我们的选择！

谨祝大家好好学习，好好工作，好好生活，能够作出自己的正确抉择！

第一章　道的传承

第一节　道　　统

道统，即道的传承系统，它是中华古圣先哲伏羲、炎、黄、尧、舜、禹、汤、文、武、周、孔以及孟、荀等一脉相承而历代形成的道的传承系统。

一、伏羲作卦象天地

伏羲是中国传说中的最早圣王，作为中国远古三皇五帝（三皇为伏羲氏、女娲氏、炎帝神农氏，五帝为黄帝、颛顼、帝喾、唐尧、虞舜）中最早的一位圣王，他观察天、地、万物、鸟兽、人世、人生的变化，创制了八卦（乾、坤、震、巽、坎、离、艮、兑），贯通神明的德行，象征万物的情状。

结绳成罗网、鱼网，以利打猎、捕鱼；制作书契文字，代替结绳记事；订立嫁娶制度，以成对的鹿皮作为定婚礼物；把牲畜饲养在圈栏之中，以供人们祭祀、食用。

二、炎帝开源创耒耜

炎帝号称农耕文明的始祖。炎帝神农氏生活在约公元前7000年—前6000年，传说出生于烈山（至今尚无定论，主要有陕西宝鸡说、湖北随州说、湖南炎陵说等）。在那个年代，先民们还是以采集、打猎、捕鱼为主要生产方式。

炎帝开创了农耕文明的新时代。炎帝砍削、揉制树木成早期农具耒耜，始教万民耕种，所以号称神农氏。

他翻山越岭，亲尝百草制药，为族民治病疗伤，开创了中国的中医中药。

农耕产生剩余产品，他又倡导互调余缺，日中而市，即太阳升至顶中时到集市交换。

他感叹族民辛劳耕作而缺乏精神娱乐，创制五弦琴，每年举行腊祭盛典，带领族民载歌载舞，祭祀神明赐福。《腊祭歌》："土返其宅，水归其壑，昆虫毋作，草木归其泽，粟谷归其仓。"

炎帝尝药，吃到断肠草，中毒身亡。

三、黄帝平乱建古国

黄帝创立了最早的中华古国。黄帝生活在公元前3000年左右的黄河流域一带。

当时中国处在诸侯混战的乱世。为解除炎帝后代榆罔帝、蚩尤、诸侯无道混战给百姓带来的痛苦，黄帝修德振兵，习用干戈，通过阪泉三战和涿鹿大战平服榆罔炎军，擒杀蚩尤，东伐西讨，南征北战，平定了诸侯混战的局面，被诸侯拥立为天子，号称黄帝。

统一中国之后，他设立以春官、夏官、秋官、冬官、中官命名的官职，任命了左右大监，监理天下邦国。举用贤能大臣治理民事，祭祀天地鬼神，种植百谷草木并开发土石金玉，制定生死仪则，造屋、制衣、殡葬以免存亡忧患，创立并安定了最早的国家。

四、唐尧顺天制农历

唐尧与虞舜并称为人文始祖。尧生活在约公元前2100年前，相传生于三阿之南（三阿之南为今何处，至今尚无定论）。

当时春夏秋冬四季不分，时令节气不明，百姓难以按时耕作，百官难以据时计功。唐尧命令羲氏、和氏等四臣分别居住在东南西北四方边地，观察一年中太阳的位置变化和时辰，创制了农历，从此，百姓能按时令节气耕种，百官可以按年份计功。至今，农村仍按农历指导耕作。

对唐尧的圣德，孔子有过盛赞。

> 子曰："大哉，尧之为君也。巍巍乎，唯天为大，唯尧则之。荡荡乎，民无能名焉！巍巍乎，其有成功也！焕乎，其有文章。"
>
> ——《论语·泰伯第八》

对于治理之道，唐尧亦有一番心得。

> 劳之来之，匡之直之，辅之翼之，使自得之，又从而

振德之。

——《孟子·滕文公章句上》

见儿子无德，虞舜德厚才高，唐尧禅让帝位给舜，说："终不以天下之害以利一人。"

五、虞舜成治倡人伦

虞舜与尧并称为人文始祖。舜生活在约公元前2100年前，冀州（今河北一带）人。

舜，生父盲，继母狭隘，弟傲慢，舜恭谨服侍，少时历尽艰辛，耕种、打鱼、制陶、作器、贩卖货品，以大孝闻名远近，所居地方一年成村，二年成邑，三年成都。

传说其父、继母、弟想霸占他的财产、妻子，让舜上仓廪修顶，从下面放火烧仓廪，舜张开丝绫跳下，得以不死。其父又让舜通井，等到舜入井既深，与舜弟一起倒土填井，谁知井底有空洞，舜从空洞逃出。舜孝父母爱弟更加恭谨，时人盛传他为大孝子。

经四方诸侯长推荐，尧帝认为他有天命圣德，于是让舜试着治理政事：任司徒，施行"父义、母慈、兄友、弟恭、子孝"五常人伦教化，天下之人都能顺从；总理百官之事，百官能按时兴功；四方之门礼待宾客，四门仪容端庄，诸侯和远方宾客都知礼敬；管理山林川泽，于暴风雷雨之中而不迷失。

一方面，舜举用贤才，先圣高阳氏才子八恺主理土地之事，先圣高辛氏才子八元遍施五教于四方，时人都能顺时合序，理顺家庭人伦关系。另一方面，先圣的后代，强势的权臣，为恶乱政，虞舜流放三凶诛杀一凶。对四凶受惩罚，天下之人心悦诚服。

舜受禅继位之后，对尧时皆得举用的二十二个贤臣分封了职务，明确了职能，实行三年一考察、三次考察决定升免的制度，各项功业兴盛起来。

鉴于儿子不贤无德，舜将帝位禅让给德盛功高的大禹，巡视南方去世。

四千多年前，舜早已剖析人性得出“十六字心经”。

> 人心惟危，道心惟微。惟精惟一，允执厥中。
>
> ——《尚书·虞书·大禹谟》

相传，这个“十六字心经”由尧传给舜，舜传给禹。

六、夏禹治水救天下

夏禹，尊称大禹，生活在约公元前2000年前，广柔（今四川汶川一带）人。

唐尧之世，洪水泛滥，大禹之父鲧受命治水，用堵而不用疏，九年不成又不听教命，被摄政理国的舜斩首于羽山。大禹有治水之才，受命子承父业，继续治水。

大禹率领辅臣、诸侯、官员、民众，离家治水十三年，三过家门不敢入，儿子出生也未能看上一眼，开辟九州，通道九山，疏通九水，筑堤九湖，统一安定了遭遇洪水大患的远古中国。可怜大禹落得脚底厚茧，趾甲全无，腿枯无毛，小腿僵硬，膝盖肿起，走路拐跛。对于大禹，孔子也深情感叹：“对于大禹，我没有什么可说的了！”

对于自己的治水伟功，大禹却谦虚寡言，说自己只是每天孜孜不怠罢了。

七、商汤伐桀建武功

商汤，生活在约公元前 1600 年，南亳（今河南商丘）人。

商汤是夏朝诸侯，享有征伐之权，他说："人视水见形，视民知治否。"所处之世，却是大禹后代夏桀残虐、夏朝衰微的无道乱世。

商汤伐乱，从拒不祭祀而杀死幼童的葛国开始，讨伐昆吾氏，又接着征讨夏桀，宣告奉行天命，敬畏上帝，解救民难。夏桀耗尽民力，人心思叛：在商汤讨伐夏桀、乱侯时，征伐东方，西方的人会抱怨，为什么把我们放在后面？讨伐南方时，北方的人会抱怨，为什么把我们放在后面？这就是夏桀人心丧尽、商汤民心归附的例证。

商汤在有娀郊野一战，打败夏军，生擒夏桀并流放了他。

商汤返回都城，号令万方诸侯："若不立功于民，勤力职事，我就会惩罚直至诛杀你，你不要埋怨。不行道，就不能享有封国，你也不要埋怨我。"

商汤征伐乱邦，覆灭夏朝，拨乱反正，一统中国，创立了新朝——商朝。

八、文王施仁奠国基

周文王生活在公元前 1100 年前后，岐山周原（今岐山下一带）人。

殷商末期，商汤的后代商纣敏捷善辩，头脑聪明，才力过人，能徒手格杀猛兽。但是，才能卓著而无德，商纣走向了邪途，终于残民害贤而自己灭亡了自己。

周文王从胎教起就得益于母亲的良好教化，尊老爱幼，敬贤重士。

继父亲周太王为国君后，文王因为商纣淫虐把三公九侯剁成肉酱、将鄂侯烤成干肉，私下怨叹，被崇侯虎诬告，关进自建监狱达七年，后得姜太公等臣友搭救，得以释放出狱，享有征伐之权。他又献出洛西土地，换取了商纣废除炮烙酷刑。

文王私下行善，讨伐乱邦乱国，施仁政称誉于天下。实行九分抽一的井田制，从政的人世袭俸禄，城关、市场稽查而不征税，湖泽山地不禁捕猎，犯罪的人不牵连后代，鳏寡孤独四种人优先得到照顾。兴建七十里方圆的园囿，周民纷纷以为太小，因为砍柴、割草、捕鸟、猎兔的人都可以前往，这就是与民同乐民乐建了。

殷商天下，周邦占有三分之二，文王奠定了灭商兴周的基业。

九、武王怒灭殷商纣

周武王生活在约公元前1000年前，岐山周原人。

武王继文王为周君，任用群贤，以文王为榜样治国，志在匡扶摇摇欲坠的天下。

武王见商纣暴虐搜括天下，愤怒而决心讨伐商纣。

武王东行观兵势到达孟津，不期而会的诸侯有八百。诸侯都认为可以讨伐商纣了，但武王看到商朝臣未叛、民未乱，宣称“尔等未知天命”，退军还师。

过了两年，商纣的昏暴更加厉害，剖杀忠臣，囚禁贤臣，残害百姓：家务主管因煮熊掌未熟被处死，见男子过河不畏水寒竟砍断双脚察原因，与爱妃议论孕妇怀单怀双而剖其腹视胎。

箕子劝告商纣收敛，只能装疯被关入大牢；王子比干直谏强争，也被商纣剖胸取心；王兄微子与太师、少师见商纣已不可劝谏，叛商投奔周邦。

武王见商纣众叛亲离，人心丧尽，果断兴师，声言：“时矣，不可失！”率领三百戎车、三千虎士、四万五千甲士、不到五万士卒讨伐商纣，诸侯纷纷率军会合，三次誓师激励士气，牧野一战击溃了商纣号称的七十万大军。商纣人心丧尽，无人恋战，纷纷倒戈。商纣王见大势已去，逃回财富聚集之地鹿台，穿上环绕珍宝珠玉的华衣，投火而死，二妃也上吊自杀。

周武王不愧善于顺时应势：败灭商纣，及时偃武修文，放马归牛，示天下不再用兵。武王当即祭拜天地神祇，宣告灭商建周；率领诸侯奔走于祖庙，祭祀圣灵；发放商纣聚集的钱财、米粟，赈济贫弱，大赏百姓；分封圣人后代和功臣贤人，释放被关押的贤臣、百姓。

经历武战文治，武王过于辛劳，灭商建周两年后即去世。

十、周公平叛立礼制

周公，生活在公元前1000年前，岐山周原人。

周公，周文王之子、周武王之弟、周成王之叔父，为殷末周初的拨乱反正创建了卓著功勋，更以设官立政的制度建设安定了新兴的周朝。

周武王逝世，成王即位，但因年纪尚幼不能亲政，周公忧虑有人乘机反叛，于是登王座代成王摄政治国。亲兄管叔、亲弟蔡叔和商纣之子武庚禄父不满周公摄政，在殷商旧地联合淮夷各族反叛，周公奉王命率军出征，经过三年战争平息了叛乱，诛杀管叔、武庚禄父，流放蔡叔，建立了真正统一的大周王朝。

平乱之后，周公实施了制度建设，制礼作乐，设立官制。

周成王年长可以亲政，周公还政成王，转入臣属位列，恭谦谨慎地辅助成王治政。

对德盛功高的周公，孔子赞叹不已，久不梦见周公就会忧心忡忡："久矣，吾不复梦见周公。"

十一、孔子匡乱集大成

孔子生活在公元前551—前479年，鲁国陬邑（今山东曲阜市东南）人。

孔子是周初贤臣宋微子的后代，父亲早死，由少寡的母亲抚养长大，生计十分艰辛。时人夸耀孔子多才多艺，孔子叹道："吾少也贱，故多能鄙事。"年长，孔子做过鲁国权势大夫季氏的管仓库小吏，每天关心进入物品的账目是否清楚；又做过饲养牲畜的小吏，每天询问牛羊是否肥壮。

但是，孔子不愧圣人之后，年少知学好礼，三十岁就达道立身了。身处战乱之世，孔子先在民间修习诗书礼乐，教化四方弟子。五十岁后，在鲁国做官五六年，参与国政三个月。做官从政期间，鲁国百姓一度知信循礼，风气良好，社会安定。

后来，孔子见鲁国君臣腐化迷色，不堪挽救，于是在五十四岁离鲁赴卫，奔走于卫、曹、宋、郑、陈、蔡、叶、晋、楚列国之间，期望在其他诸侯国完成在鲁国未竟的匡扶乱世救天下的功业，但诸侯已私欲熏心，争霸心切，有谁会听夫子的教化呢?!

在外奔波十四年，孔子六十八岁方才回到家乡鲁国。鲁国国君无心起用孔子，孔子也不想求官做，于是重操旧业：修订“六经”，教化弟子贤人，为儒家经典的成形和儒家道义的传承完成了集大成的功业。如果不是孔子编纂“六经”，恐怕儒家也不会有经典传承于世，孔子是儒家之道和儒家文化的集大成圣人。

十二、孟子倡仁号亚圣

孟子生活在公元前 372—前 289 年，邹（今山东邹县东南）人。

作为儒家道义的传承人，“亚圣”孟子、“后圣”荀子对儒家之道和儒家思想有所增益，作出了新的贡献。

为了用大道义理拯救战国时期的酷烈无义争战，孟子曾游说齐宣王、梁惠王，但都未得任用。孟子退而与万章等门人共同著书立说，承袭孔子的道义，注重以仁义修身养性，作了《孟子》十四篇，进一步丰富了儒家思想。

十三、荀子弘礼称后圣

荀子，生活在约公元前313—前238年，战国时期的赵国（今山西安泽）人。

荀子五十岁游学到齐国，成为齐国尊师，曾三次出任祭酒大夫。后来因为受人诬陷、诽谤，离开齐国到了楚国。楚国贤公子春申君任命他为兰陵令，后春申君去世而荀子被免官，一直居住在兰陵。

晚年，荀子一边著书立说，一边教化弟子，注重礼法教人治世。法家的创始人韩非，秦朝的丞相李斯，都出自荀子门下。

综上所述，我们务必清楚：孔子是传承儒家之道的集大成者，儒家之道的传承系统是中华古圣先哲伏羲、炎、黄、尧、舜、禹、汤、文、武、周、孔以及孟、荀历代形成并一脉相承的。中华古圣先哲们一脉相承了道，也就是说，尽管他们生活的年代不同，居处的地点各异，应对的时情有别，但禀道而行是一样的。这就是儒家之道的传承系统——道统。把握了儒家文化，就抓住了中国文化的主体；明识了道，也就抓住了儒家文化的根本。根本坚固，枝叶才能繁茂生长啊！可以说，中国民族犹如一条龙，儒家文化是引领民族发展的龙头，儒家之道则是龙的眼睛。画龙点睛，龙的眼睛神采弈弈、暗淡迷沌或者遮蔽盲瞎，势必导致龙行的顺利飞翔、翻腾不已或者迷误遭灾。

我们可以看到：经过远古历代圣哲的一脉相承和卓越创造，儒家道统已经形成，中国文化的根本种植了，源泉浚通了，儒家之道是凝结了中华数千年数代圣哲们和先民们的最佳智慧。如果能秉道而行的话，就能造就一个长治久安的中国。

但是，事实并非如此。孔子，以及孟子、荀子都不得行道于天下，秦汉以来儒家虽然取得了主流、主导、主体地位，儒家之道却被扭曲了：一方面，儒家文化的根本——道被弃置；另一方面，历代皇朝为巩固皇权把皇帝专制制和君臣民等级意识形态强化了。中国历史也因为不能奉道而行陷入了治乱周期循环的怪圈。

第二节　道统的历史命运

春秋战国时期，天下无义战。孔子以及孟子、荀子虽然已经达道、通道，却不能行道于天下。诸侯群雄争权、争霸、争利之战酷烈，荼毒华夏。直至秦始皇以武力强权兼并列国，建立了“残而少恩”的皇帝专制帝国，焚书坑儒，儒家几近湮灭。秦王朝也因为暴虐无道，仅十四年就短命覆亡。汉代的兴起，开创了儒家文化的新时代。

一、道统的扭曲

汉兴之后，在儒者郦食其、叔孙通、陆贾、董仲舒等的适时推动下，汉高祖刘邦身为皇帝第一次以最高礼——太牢礼祭祀孔子，汉武帝“罢黜百家，独尊儒术”，儒家文化得以复兴。

自此，历经两汉、三国、两晋、南北朝、隋唐、五代十国、宋、元、明、清两千多年，儒家文化基本成了历代皇朝治国的正统思想，也成了历代皇朝臣民的言行准则，这对中华古国的大一统作用极大，也对中华民族的民族精神和民族性格影响深远。

历史证明，历代皇帝尊崇儒家主要是为了维护以皇帝为中心的皇帝专制制度和社会等级制度。唐代大儒韩愈在《原道》中论述这种制度说：“君者，出令者也；臣者，行君之令而致之民者也；民者，出粟米麻丝、作器皿、通货财，以事其上者也。君不出令，则君无以为君；臣不行君之令而致之民，民不出粟米麻丝、作器皿、通货财以事其上，则诛。”

这样，儒家先圣先哲因应远古时情和春秋战国乱世而提出的天子、诸侯、大夫、平民的治理秩序和等级礼仪，这些在儒经中早已言明应顺时顺世而变的封建制度设置，被秦汉以下的历代统治者变本加厉地转变成皇帝专制制，凝固了，僵化了，停滞了，儒家圣哲倡导的大道真理、根本原理、实质内核、生命活力——道，遭到扭曲。

这一扭曲，唐宋大儒已经发现：

> （道）尧以是传之舜，舜以是传之禹，禹以是传之汤，汤以是传之文、武、周公，文、武、周公传之孔子，孔子传之孟轲。轲之死，不得其传焉。
>
> ——韩愈《原道》

> 周公没，圣人之道不行；孟轲死，圣人之学不传。道不行，百世无善治；学不传，千载无真儒。
>
> ——程颐《明道先生墓表》

三代之治，顺理者也。两汉以下，皆把持天下者也。

——程颐《河南程氏遗书》

南宋大儒朱熹也明确指出儒学儒行千年误入歧途：

秦汉以来，道不明于天下，而士不知所以为学。

——朱熹《韶州州学廉溪先生祠记》

千五百年之间……尧、舜、三王、周公、孔子所传之道，未尝一日得行于天地之间。

——朱熹《答陈同甫》

仅从这几位在中国富有代表性的唐宋大儒的追述就可以看出，儒家之道在秦汉以来基本被弃置了。虽然间有贤明皇帝求治中兴，一些大儒对儒家思想也有所贡献，但作为正统的儒家文化却未能传承儒家之道的全理。一方面，中华圣哲的大道思想被扭曲了；另一方面，皇帝专制制度却凝固、强化了。扭曲文化和皇权制度的双重交织，造就了中国古代治乱兴衰的周期循环，中华民族仿佛真正中了“民族之咒”。

这一倾向，不仅大儒、国人发现了，随着近世西方人士的进入，西方思想家也发现了。他们一方面赞叹中华文明的悠久卓越，另一方面又感叹中华文化的停滞。他们以浓厚的兴趣关注着这个世界“庞然大物”的演变，留下了许多引人深思的论断。

1835 年，法国著名政治思想家、历史学家托克维尔在其影响很大的名著《论美国的民主》一书中论及了中国文化的扭曲和停滞：

300 年前欧洲人初到中国时，他们看到中国的一切工艺均已达到一定的完善阶段，并以此感到惊异，认为再没有别的国家比它先进。不久以后，他们才发现中国人的一些高级知识已经失传，只留下了一点残迹。这个国家的实业发达，大部分科学方法还在那里保留下来，但是科学本身已不复存在。这说明这个民族的精神已陷入罕见的停滞状态。中国人只跟着祖先的足迹前进，而忘记了曾经引导他们祖先前进的原理。……人的知识源泉已经几乎干涸。因此，尽管河水仍在流淌，但已不能卷起狂澜或改变河道。

——托克威尔《论美国的民主》

1859 年，英国著名的思想家约翰·密尔也关注着中国的“前车之鉴”，警示欧洲人不要变成另一个中国：

那（中国）是一个富有才能的民族，在一些方面甚至是富有智慧的民族，因为他们有难得的好运，在早期阶段就有了一套特别好的习俗——在某种程度上这是一些人的功德，甚至连最开明的欧洲人在一定限制下也必须把他们尊为圣人和哲人。那些圣人和哲人的杰出之处还在于其工作机制的精妙，即尽可能把他们所拥有的最佳智慧铭刻于社会中的每一个心灵，并保证那些掌握大部分智慧的人得到有荣誉和权力的职位。可以肯定，取得这一成就的人民已经发现了人类进步的奥秘，必然会使自己稳居世界运动的前列。相反，他们变得静止不前了，几千年来依然如此。如果他们要进一步改进的话，那就必须靠外国人。

——约翰·密尔《论自由》

往后的历史表明，约翰·密尔是有远见的。由于已经斩断了中华民族文化之根，堵塞了中华民族文化之源，一批批先进的中国人在应对世界列强的挑战中，不得不一次次地从西方思想宝库中寻找思想武器，用以救国救民救天下……

二、道统的断裂

正如这些卓有见识的中国儒家大师和西方思想家所看到的：一方面，儒家先圣先哲的根本扭曲了，源泉堵塞了，智慧废置了，活力枯萎了；另一方面，本该与时偕变的皇帝专制制度和君臣民等级制度及其附着的意识形态却凝固了，停滞了，僵化了，落后了，几千年来几乎毫无进步与革新。

这种弃根弃本和停滞僵化的扭曲，不仅在中国古代造成了治乱兴衰周期循环的“历史怪圈”和“民族之咒”，更在近代西方文明的冲击下使中国遭到一次次惩罚，国人陷入一次次灾难，19 世纪末 20 世纪初的中国面临瓜分豆剖、蚕食鲸吞、国亡种灭的危机的说法并不为过。

1840 年鸦片战争之后，中国的先进人士尝试对西方的冲击作出回应：抗击要求催生船坚炮利，洋务运动倡导实业救国，戊戌维新推进君主立宪，辛亥革命开创民主尝试，等等。但是，中国却沦入了军阀割据、军阀混战的乱世，国家的情况仍旧一团混乱，越来越糟。人们开始把目光转向思想文化，试图从文化本源上拨乱反正，停滞僵化的儒家文化也遭到了必然的清算。

1915 年发生的新文化运动，提倡科学与民主，挑战“孔子的权威”，呼吁“打倒孔家店”，实行“文学革命”。于是，伴随着满清王朝的覆亡和皇帝专制制度的结束，儒家文化成了殉葬品。

犹如莽汉在清除枝叶病虫害时把大树连根斩断一样，犹如愚夫在治理河患时把流水源泉堵塞一样，犹如蠢妇在倒掉洗澡水时把盆中婴儿一起倒掉一样，过激的新文化运动在清算僵化停滞的儒家文化的同时，连同中华圣哲的最高真理和最佳智慧——道也一并抛弃了。

从此，中华大道几近完全断裂，中华圣哲代代相承的道统也几近完全中止，中华民族也成了一个失根的民族，中国人犹如失魂的子民，游荡在一个变幻莫测的世界上，一路走了过来……

三、道统的继承

一生追求“天下为公”大道理想的孙中山先生，痛惜中华道统的断裂和中止，声称：“中国有一个道统，尧、舜、禹、汤、文、武、周公、孔子相继不绝。我的思想基础，就是这个道统；我的革命，就是继承这个正统思想来发扬光大。”(转引自钱穆《中国思想史》)

虽然因为种种原因，孙中山先生未能实现自己的伟大理想和非凡抱负，但这个方向是正确的，是值得中华后人继续追求的。

当下，信仰的缺失、人性的扭曲、底线的漠视、道德的滑坡、风气的败坏，正在引起上下有识之士越来越多的关注。虽然存在复兴中华优秀传统文化的广狭、高低、主次、程度、本枝等方面的差异，但这一动向反映了新的时代需要。作为中国传统文化的主体、主流、主导的儒家思想、儒家学说、儒家文化的复兴又一次摆在世人面前。

我们应该看到，尽管“读经热”、“国学热”正在兴起，儒家文化和中国文化的方方面面被广泛关注，但注重儒家之道以及中华道统的却不是很多，这是不可忽视的偏向。

我们应该知道，每个民族都有自己民族生存、发展、繁衍的根和源。中华大道和中华道统，就是中华民族的文化之根和文明之源。

“黄河之水天上来，根深不怕大风摆。”中华大道和中华道统是中华文化和中华文明的根源，凝结了中华古圣先哲和中华先祖先民的最高真理、最深哲理、最广思维和最佳智慧，是我们“格物、致知、诚意、正心、修身、齐家、治国、平天下”的指导思想、根本原理和理论基础。

继承中华道统，弘扬中华大道，必将使我们的人生幸福，家庭和睦，地区发展，民族复兴，直至促进世界走向进步、和平、繁荣。

在新的历史使命和新的时代需要降临之际，我们不可忘记“本枝百世”。根本坚固而枝叶繁茂，才能百世不衰。让我们沿着这条成治兴盛的通达大路，一步步前行吧……

第二章　道的经载

第一节　儒家经典简介

人类未生，道在天地；人类既生，道在圣人；圣人已没，道在“六经”。

儒家经典是道的主要文字载体，学道必读经书。

儒经，孔子之世，修成“六经”（《诗》、《书》、《礼》、《乐》、《易》、《春秋》），汉存“五经”（《乐》亡佚），唐代“五经”成“九经”（《诗》、《书》、《易》、《仪礼》、《周礼》、《礼记》、《春秋左传》、《春秋穀梁传》、《春秋公羊传》），从宋代起在唐代“九经”的基础上又加了《论语》、《孝经》、《尔雅》、《孟子》，合称“十三经”（《周易》、《尚书》、《诗经》、《仪礼》、《周礼》、《礼记》、《春秋公羊传》《春秋穀梁传》、《春秋左传》、《论语》、《孝经》、《尔雅》、《孟子》）。宋代又提出“四书”“五经”（《大学》、《中庸》、《论语》、《孟子》，《诗经》、《尚书》、《礼记》、《春秋》、《周易》）。

儒家经籍浩如烟海，清代《四库全书总目》列出的就有1773部、20427卷，势难一一穷尽。“十三经”是宋代以来儒家的主要经典，也是儒史以来最全的经典著作。战国时期大儒后圣荀子对儒家之道亦有颇多建树和新贡献，对中国古代特别是宋代以前的古代历史影响极大。我们对儒家经典的介绍，主要就介绍“十三经”和《荀子》，为大家学习经典原著提供一个参考。

一、《周易》

一般称，伏羲画八卦，文王演为六十四卦，周公撰卦辞、爻卦，孔子作传，《周易》的形成历经漫长年代而由圣人制作。

《周易》主要包括“经”、“传”两部分。“经”，主要是六十四卦的卦形符号和卦辞、三百八十六爻的爻位和爻辞；“传”，主要是阐释经文的文字，即《彖传》上下、《象传》上下、《文言》、《系辞》上下、《说卦》、《序卦》、《杂卦》七种十篇，旨在阐发经文大义。

《周易》原本是一部占卜书，用龟甲叫卜，用蓍草叫占，是远古国家遇到大事以决疑的手段。

《周易》的卦象、爻象又蕴含着天地万物变化的哲理，透过卦象、爻象的象征符号深究其变化哲理，弄懂经传中的精蕴内涵，对于认识世间事物的变化义理颇有帮助。

孔子晚年十分喜欢《周易》，竹简系绳翻断了三次，并说：“再给我数年时间，真能这样，我对于《周易》就能因应自如了。”

二、《尚书》

《尚书》是上古之书，是上古君王的文告汇编，上古君王贤臣奉天命、理人事的言行记录。

《尚书》由虞书、夏书、商书、周书四部分组成，上起尧舜，终至秦穆公。由于《尚书》翔实记录了上古历朝历代圣王、明君、贤臣的治政言行，凝结了上古治政智慧，故一直为后世儒者看重，被视为治国平天下的楷模典范。

尽管存在古文《尚书》（28 篇）和今文《尚书》（伪古文《尚书》25 篇）之争，但今文《尚书》的内容在其他儒经中也有记录，它尊奉的义理与古文《尚书》一脉相承，为儒者信奉并影响古史两千多年，所以世人仍把古文《尚书》、今文《尚书》合一的《尚书》视为儒家经典。

三、《诗经》

司马迁记载说，古时诗篇三千余篇，到了孔子，删去重复冗繁部分，取其可施于礼义的部分，编订为 305 篇。所以孔子说：《诗经》三百篇，一句话概括，就是思虑无邪曲。

《诗经》305 篇，分为风、雅、颂三大部分。

“风”是通过诗歌的形式，对上自君王后妃下至平民百姓进行德行教化，题材广泛，意旨鲜明，特别是反映民间喜怒哀乐、日常生活的篇章，具有很强的平民性和艺术性。

“雅”大体是贵族、士大夫的歌乐，大雅为贵族所作，小雅为士大夫抒发个人情怀时所作，称正声雅乐。

“颂”是祭祀神灵祖先的颂诗。“周颂”是周朝祭祀神灵的颂诗，鲁颂是鲁国祭祀祖宗神灵的颂诗，商颂是商朝祭祀祖宗的颂诗。

《诗经》的表现手法，按宋代大儒朱熹的解释，有“赋、比、兴”三种，“赋”是直接敷陈，“比”是采用比喻，“兴”是象征联想。

《诗经》中的诗篇，原来都配有音乐，诗句与音乐相匹配。可惜，随着《乐》的亡佚，《诗经》诗篇的配乐也失传了，不然中国艺术宝库中又会增添许多道乐相合的卓越艺术品了。

四、《仪礼》

《仪礼》是儒家经典“三礼”之一，汉代立于官学，共17篇。《仪礼》主要记载士礼。

《仪礼》专门讲礼的仪式、仪节，即在各种礼仪活动中该怎么做，包括程序、参加者的身份、穿戴、位置、动作，甚为周详、烦琐，人们难以掌握，因而到唐宋已逐步衰落了。

五、《周礼》

《周礼》是儒家经典“三礼”之一，主要记载周代设官分职的官制，各种官职的职能、隶属、编制等，发现于汉武帝时。

《周礼》设置六大官职系统：

天官冢宰，掌管邦国事务；

地官司徒，掌管邦国教化；

春官宗伯，掌管邦国祭礼；

夏官司马，掌管邦国军事；

秋官司寇，掌管邦国司法。

冬官缺，汉以“考工记”补充，掌管邦国工艺。

在《周礼》的六大官职系统中，每个系统都有祭祀的职能。

六、《礼记》

原先，《仪礼》的末尾有“记”说明，作为各种仪礼的补充。汉代两位儒者戴德、戴圣编成了两部《礼记》，分别称为《大戴礼记》和《小戴礼记》，“小戴”戴圣编辑的《小戴礼记》因较为简洁，成为后世流传的《礼记》。

按照梁启超的分类，《礼记》分为五类：一是通论礼义或学理，二是解释《仪礼》的专篇，三是记述孔子言行、门人及时人杂论，四是记述古代制度礼节，五是记述古代格言。

《礼记》中的《大学》、《中庸》后来受到特别重视，被抽取出来成为“四书”的两篇：《大学》乃是讲大德大才之人的学问，即格物、致知、诚意、正心、修身、齐家、治国、平天下的道理，它对后代的影响是很大的；《中庸》专论中庸之道，即执中用中、恰到好处、无过无不及，也就是两端平衡的意思。

《礼记》并不是一人一时的著作，它是战国至西汉初期各种礼仪著作的选编，大多出自孔子弟子、再传弟子以至三传弟子之手，戴圣只是负责编纂而已。

七、《春秋左传》

《春秋》是一部史书。孔子在鲁国史书的基础上，简约文辞，褒贬是非，撰成《春秋》。但《春秋》不是一般的史书，而是包含儒家义理的经书，所以《春秋》历代均被列为经典。

《春秋》有左丘明所著《左传》的翔实史证以及公羊氏的《春秋公羊传》和穀梁氏的《春秋穀梁传》两书解释，唐代起《春秋左传》和《春秋》经文一起，与《春秋公羊传》、《春秋穀梁传》都列入“十三经”。

《春秋左传》是一部编年体史书，相传为鲁国史官左丘明撰著。从鲁隐公元年（公元前722年），至鲁哀公二十七年（公元前468年），记述了共255年的历史。《春秋左传》详细记录了春秋这一时期的历史，作为对孔子《春秋》的史实说明，对了解《春秋》裨益很大。

《春秋左传》文辞简练优美，对战争的叙述或其他历史事件的记录生动形象，引人入胜。

八、《春秋公羊传》

《春秋公羊传》由战国时期公羊氏撰著，此书依据《春秋》的顺序，通过一问一答的形式，解释《春秋》的微言大义。

《春秋公羊传》宣扬大一统的思想，尤重君、臣、民的等级秩序，其对于春秋时期“据乱世”、“升平世”、“太平世”的“三世说”虽不尽合史实，却对后世史学影响很大。

九、《春秋穀梁传》

《春秋穀梁传》是战国时期穀梁氏对《春秋》经文所作的解释，其体例大体与《春秋公羊传》一样，依据《春秋》的顺序逐句一问一答式的解释《春秋》经文。

《春秋穀梁传》偏重对《春秋》经文蕴含的经义常理作解释，对于理解《春秋》的道义内涵颇资启发。

《春秋》是原始经典，《春秋左传》重历史学习经文，《春秋公羊传》重大一统解释经义，《春秋穀梁传》重经文道义，可谓各有特色。

十、《论语》

《论语》是孔子及其弟子的言行记录集，由孔子弟子以及再传弟子编纂，自宋代以来列为儒家经典，与《大学》、《中庸》、《孟子》一起合称“四书”，被宋代大儒朱熹视为“五经”——《诗经》、《尚书》、《礼记》、《周易》、《春秋左传》的入门书。

《论语》共20卷，内容涉及广泛，主要记载孔子教化弟子做人要讲仁德重修身的言论，言简意赅，生动形象，许多言论带有很强的针对性。

《论语》对于我们了解孔子的思想是非常重要的，但不能把《论语》视为儒家经典的中心，孔子在世并无《论语》，而是以《诗》、《书》、《礼》、《乐》、《易》、《春秋》为教材教化弟子。先把文字浅近的“四书”作为入门，再深入研读其他经典似乎更利于掌握儒家思想的全理。

十一、《孝经》

《孝经》是儒家专论孝道的一部经典，相传为孔子传给曾参而由曾参整理而成。

《孝经》共十八章，第一章“开宗明义章”为本经总论，言孝乃德之本，是教化的基础，孝亲忠君的忠孝两全即是孝道的归宿。其余各章分述天子、诸侯、卿大夫、士、庶人的孝道和对孝道的若干重要阐述。

《孝经》是专论孝道的儒家经典，汉代起提出以孝治天下，其对中国君主专制制度和宗法血亲制度下的古代社会影响深远，许多关于子女孝敬父母的提法至今仍不失现实意义。

十二、《尔雅》

《尔雅》是一部字典，但不是一般的字典，而是蕴含了儒家经义的字典，所以被列为“十三经”之一，为后代儒者注释儒家经籍所看重。相传《尔雅》为周公所作，孔子及汉初儒者叔孙通也作了一些增补。

既然是字典，《尔雅》的涉猎范围就极其广泛，从一般文辞，到亲人家庭、宫室器物、天地万物等，都予以较详尽的解释，故汉以后儒者传习儒经都以《尔雅》作为重要工具书。

阅读《尔雅》，不能只把它视为一部字典辞书，而必须注重它的字词诠释中包含的儒家义理，这样才能体现出它的经典意义。例如，释天，既讲了“自然之天”，又说了“主宰之天”，而儒家经籍中虽也言及自然组成的天，但更常见的是视为世界主宰、信仰皈依的天，这是阅读《尔雅》以及其他儒家经籍时务必注意的。

十三、《孟子》

《孟子》是战国时期孟轲和弟子们的言行录，主要记载了孟子传承孔子思想的言论。《孟子》原本只是作为诸子之一的专著，唐儒韩愈最先推崇，宋儒更加以传扬，自宋代起被列为“十三经”之一，为后代儒者所注重。

《孟子》共七篇十四卷（章），其中孟子传扬的人性善、修仁德、养心性、施仁政、民贵君轻、中庸权变等义理，是孟子对儒家思想的重要贡献，对后世儒家文化的发展影响极大，孟子被誉称为儒家“亚圣”并不为过。

《孟子》不仅思想精彩，且文体气势宏大、语言流畅、推理严密、辩论力强，“文以载道”的特色十分鲜明。

十四、《荀子》

《荀子》是战国时期大儒荀况的专著。荀子在秦朝以来的一千多年中，实际影响远比孟子大，直到南宋程朱理学（程颢、程颐、朱熹诸儒）扬孟抑荀之后，孟子的地位和影响才超过荀子。尽管《荀子》未列入“四书”、“五经”、“十三经”之中，但不能否定荀子对传承儒家思想的贡献，它的许多创见极大地丰富了儒家之道的宝库。

《荀子》共二十四篇，包罗广泛，论证深入，创造性强，具有颇多思想建树：人性本恶，善在后天；道为大本，权变相辅；圣王成治，道制相称；礼义法度，成治之本；举贤用能，罢不肖诛元恶；王者用兵，仁义为本，等等。这些思想、义理、法度建树，对秦以来历代王朝的影响巨大，法家创始人韩非、秦朝丞相李斯均出自荀子门下。

或许可以说，孔子之后最重要的两个大儒孟子和荀子，一讲人性善重修仁德返善成治，一言人性恶重法制改恶成治，两位大师从不同角度出发，归于社会成治的结论，可谓殊途同归、相辅相成地传承了儒家的大道真理。无怪乎后人称孟子为亚圣，称荀子为后圣。

总而言之，儒家十四部经典各有所重：《周易》言变，《诗经》言志，《尚书》言事，“礼”（《仪礼》、《周礼》、《礼记》）言行，《春秋》（《春秋左传》、《春秋公羊传》、《春秋穀梁传》）言义，《论语》言仁，《孝经》言孝，《尔雅》言字，《孟子》言修性，《荀子》言礼法，十四部经典相辅相成、融会贯通、合而为一，方才集成了儒家思想和儒家学说的精华要义——道。

第二节　读经须知要领

一、学会读原著

儒家经典，主要指儒家“十三经”和《荀子》，是儒家之道的载体，学习儒家精义——道的完全彻底的方法是阅读原著，原汁原味地吸取先圣先哲先贤的思想义理。

鉴于儒家经书篇幅浩瀚和上古文字晦涩难明，现代人的生活节奏快兼压力大，现代白话文和上古文言文的字词含义、用语习惯、器物典章差异太大，除了极少数立志精研经典的专业人士外，一般学子根本难以通读，更不用说精研经书了。我的建议是，经书可以选读一些足以反映儒家真谛的句段和集成儒家真谛的专著。我的几本系列丛书，特别是《儒家道义记》、《儒家故事解读》、《儒家道义新解》就是为此而作的，可资参考。

二、诸部经书相辅相成

儒家"十三经"、《荀子》没有一部是完整系统概括儒家之道的，它们都是从一个角度、一个方面（一隅）陈述经义，所以不能读了一两本经书、背了一些经文句段就认为通达了道的全理。要注意各部经书教化的局限性，避免以偏概全。

> 孔子曰："入其国，其教可知也。其为人也温柔敦厚，《诗》教也；疏通知远，《书》教也；广博易良，《乐》教也；静洁精微，《易》教也；恭俭庄敬，《礼》教也；属辞比事，《春秋》教也。故《诗》之失愚，《书》之失诬，《乐》之失奢，《易》之失贼，《礼》之失烦，《春秋》之失乱。其为人也，温柔敦厚而不愚，则深于《诗》者也；疏通知远而不诬，则深于《书》者也；广博易良而不奢，则深于《乐》者也；洁静精微而不贼，则深于《易》者也；恭俭庄敬而不烦，则深于《礼》者也；属辞经事而不乱，则深于《春秋》者也。"
>
> ——《礼记·经解》

诚如孔圣所言，“六经”教化自有其短，其他经书教化的道理也一样，一部经典扬长补短，诸部经典相辅相成，才能全面阐释儒经儒道的真谛。

三、研读经书要归本于道，达到彻底成熟的地步

道，是儒家经书的“脉”，是儒家文化的“根”，是儒家思想的“源”，丢失了这个“脉”、“根”、“源”，也就离开了儒家经书的精髓真谛。孟子曰：“博学而详说之，将以反说约也。”（《孟子·离娄章句下》）这就是说，广博学习而详细解说，再返回到简易解说精义的地步。这个精义，就是道。

一些人，或者仅读数语数经便自以为弄通儒理了，或者即便遍读群经群书而未能融会贯通，这都不能悟识到儒经精义，也不能通达儒家圣人之道，这便容易造成：引导自己，自己迷误；指导他人，他人受害。总之会害己害人就是了。研读经典，相辅相成，识透精义，通达得道，我们才能真正达到学习、研读经书的目的。

孟子曾经说过几句精彩的比喻，对我们学习儒家经典务求彻底、成熟从而达到相当程度十分重要。

> 孟子曰：“五谷者，种之美者也。苟为不熟，不如荑稗。夫仁，亦在熟之而已矣。”
>
> ——《孟子·告子章句上》

> 孟子曰：“有为者辟若掘井。掘地九仞而不及泉，犹为弃井也。”
>
> ——《孟子·尽心章句上》

孟子曰："日月有明，容光必照焉；流水之为物也，不盈科不行。君子之志于道也，不成章不达。"

——《孟子·尽心章句上》

如孟子教诲的一样，我们一步步学道，或许可以成长到"成熟"、"及泉"、"成章"的地步，从而走上人生通达的道路。

研读经典，相辅相成，识透精义，通达得道，我们才能真正达到学习、研读经书的目的。

四、读经的几种错误倾向

在阅读儒经的过程中，我们要避免几种半途而废却以为走完全程的错误倾向：

（1）执持后著而弃置经典：秦汉以来，儒家文著成千上万，但这是流而不是源，儒家思想、儒家文化的源泉经典，在《周易》、《尚书》、《诗经》、《仪礼》、《周礼》、《礼记》、《春秋縠梁传》、《春秋公羊传》、《春秋左传》、《论语》、《孝经》、《尔雅》、《孟子》和《荀子》。读经，要读儒家的原始经典，不可以流废源，以枝弃本，这样是不可能得到真道的。

（2）执持一经而弃置他经：儒家"十三经"和《荀子》，所述各有所重——《周易》言变，《尚书》言事，《诗经》言志，"礼"（《仪礼》、《周礼》、《礼记》）言行，《春秋》（《春秋左传》、《春秋公羊传》、《春秋縠梁传》）言义，《论语》言仁，《孝经》言孝，《尔雅》言字，《孟子》言修性，《荀子》言礼法，不能因为一部高深而弃置通俗，更不能因为一部通俗而弃置高深。十四部经书各有所重而相辅相成，共同成就儒家之道的全理。

(3) 执持字句而弃置精义：儒家经典由无数字句组成，自然不可不读字句。但儒家经典的文字，许多是运用道的义理针对具体时代、具体地点、具体对象、具体情况的具体结论，带有时代的具体特点，不可混同这些文字与基本精义。诚如孟子所言："尽信'书'，则不如无'书'。"（《孟子·尽心章句下》）研读字句的目的在于融会贯通，悟识精义，而不在于死记硬背、生吞活剥。是执持字句还是弄通精义，是读经问题上幼童与成年人的区别。孟子教诲"广博地学习而详细地解说，再返回到简易解说精义的地步"，这就在讲研读字句而弄通精义的道理。

(4) 执持一理而弃置他理：儒家从天道到地理再到人情，从个人到家庭再到国家，义理若干，但一理为一端，不可以偏概全，顾此失彼，否则必将陷于"闭塞"，害己害人害社会。把握义理，要在弄懂一理一端的基础上注重他理他端的相辅相成，诸种义理融会合和成道的真谛。

(5) 执持原理而弃置器用：儒道的真理性，在于它的恒常道义和权宜变化，它为我们启示了信仰皈依、普遍原则、思想基础和思维智慧，但它需要与具体的时间、地点、对象、情况结合起来，解决具体的问题，弃置器用就失去尽心学道悟道的目的了。因此，我们务必记住，执持原理，还要注重实用。

第三节　经典精句选读

一、天人合一第一

1.1

【原文】大哉乾元[①]！万物资始，乃统天[②]。云行雨施，品物[③]流形。大明[④]终始，六位时成，时乘六龙以御天。乾道变化，各正性命，保合太和[⑤]，乃利贞[⑥]。首出庶物，万国咸宁。[⑦]

【注释】①乾：卦名，象征天。②天：指有形的天，即大自然。③品物：各类事物，即万物。④大明：太阳。⑤保合：保全。太和：阴阳会合的元气。⑥贞：正，正固。⑦录自《周易·乾·彖传》。

【译文】伟大啊，开创万物的上天！万物凭借它开始萌生，它统领着整个大自然。云行雨降，万物流布成形。太阳往复运转，六爻依时成位，犹如上天乘着六龙驾驭大自然。天道运行变化，万物各定属性，保全太和元气，以利于持守正固。上天始创万物，万国皆得安宁。

1.2

【原文】至哉坤元[①]！万物资生，乃顺承天。坤厚载物，德合无疆；含弘光大，品物咸亨。[②]

【注释】①坤：卦名，象征大地。②录自《周易·坤·彖传》。

【译文】至极啊，匹配上天的大地！万物凭借它得以生长，它顺应禀承上天的意旨。大地宽厚而容载万物，德性与天相合而久远无疆；包容一切而发扬光大，万物普受滋养而亨通畅达。

1.3

【原文】乾坤，其《易》之缊[1]邪？乾坤成列，而《易》立乎其中矣；乾坤毁，则无以见《易》；《易》不可见，则乾坤或几乎息矣。[2]

【注释】①缊：精蕴，精华。②录自《周易·系辞上》。

【译文】乾坤二卦，它们是《周易》的精蕴吧？乾卦、坤卦排列卦首，而《周易》的义理也就立于其中了；假如乾、坤毁灭，就不可能见到《周易》的义理了；《周易》的义理不可见，则乾坤化育万物也许就差不多止息了吧。

1.4

【原文】为天下主者，天也。[1]

【注释】①录自《春秋穀梁传·宣公十五年》。

【译文】普天之下的主宰，是天。

1.5

【原文】观天之神道，而四时不忒[1]；圣人以神道设教，而天下服矣。[2]

【注释】①忒：差错。②录自《周易·观·彖传》。

【译文】仰观上天的神妙之道，理解四季交替就不会有差错；圣人以上天神妙之道设立教化，而天下民众就顺服了。

1.6

【原文】《易》曰："自天佑之，吉无不利。"子曰："佑者，助也。天之所助者，顺也；人之所助者，信也。履信思乎顺，又以尚贤也，是以'自天佑之，吉无不利'也。"①

【注释】①录自《周易·系辞上》。

【译文】《周易》说："如果有来自上天的佑助，就能事事吉利而无不利。"孔子说："佑，就是帮助。天所帮助的，是顺从天道者；人所帮助的，是恪守诚信者。履行诚信而顺从天道，又能礼贤下士，就会得到上天的保佑，事事吉祥而没有不利了。"

1.7

【原文】王曰："格①尔众庶，悉听朕言。非台②小子敢行称乱！有夏多罪，天命殛之③！今尔有众，汝曰：'我后不恤我众，舍我穑事而割正夏④？'予惟闻汝众言，夏氏有罪，予畏上帝，不敢不正。"⑤

【注释】①格：来。②台（yí）：我。③殛：诛杀。④穑：农事。割：通"曷"，怎么。正：通"征"，征伐。⑤录自《尚书·商书·汤誓》。

【译文】汤王说："来吧，你们众人，都来听我的誓言。并不是我小子敢妄行作乱！实在是夏王犯下太多罪行，上天降命诛杀他！今天你们众人会问：'我们君王不怜悯我们众人，放下我们的农事而怎么去征伐夏王呢？'尽管我听到了你们众人的话，但是夏王有罪，我畏惧上帝，不敢不去征伐啊！”

1.8

【原文】王曰：“天佑下民，作之君，作之师，惟其克相①上帝，宠绥四方。有罪无罪，予曷敢有越②厥志？同力度德，同德度义。受有臣亿万，惟亿万心；予有臣三千，惟一心。商罪贯盈③，天命诛之；予弗顺天，厥罪惟钧④。予小子夙夜祗惧，受命文考，类⑤于上帝，宜⑥于冢土，以尔有众，天之⑦罚。天矜⑧于民，民之所欲，天必从之。尔尚弼⑨予一人，永清四海。”⑩

【注释】①相：辅佐。②越：违背。③贯盈：串满，意为极多。④钧：平，一样。⑤类：祭天，因事祭天。⑥宜：祭社，祭土地神。⑦之（zhǐ）：致，行。⑧矜：怜悯。⑨弼：辅佐。⑩录自《尚书·周书·泰誓上》。

【译文】周武王说：“上天保佑人民，为他们设置君王，设置师长，就是要君王、师长能够辅佐上帝，安抚天下百姓。有罪或无罪，我怎么敢违背上帝的意旨呢？力量相同则衡量德行，德行相同则衡量正义。商纣有臣民亿万，却有亿万条心；我有臣民三千，却是一心一意。商纣罪恶太多，上天命令我诛杀他；我不顺应天命，罪恶就和商纣一样了。我小子早晚敬慎，受命于文王，祭祀上帝，祭祀土地神，率领你们众人，施行上天的惩罚。上天怜悯百姓，民众所望，上天必会依从。你们辅助我吧，使得四海之内永远太平。”

1.9

【原文】孔子曰：“君子有三畏：畏天命，畏大人①，畏圣人之言。小人不知天命而不畏也，狎[2]大人，侮圣人之言。”[3]

【注释】①大人：《周易》释大人与天地合德。②狎：轻慢。③录自《论语·季氏第十六》。

【译文】孔子说：“君子有三种畏惧：畏惧天命，畏惧圣德的人，畏惧圣人的话。小人不知天命而不畏惧，轻慢尊贵的人，侮辱圣人的话。”

1.10

【原文】孟子曰：“昔者尧荐舜于天而天受之，暴之于民而民受之。故曰：‘天不言，以行与事示之而已矣。’”[1]

【注释】①录自《孟子·万章章句上》。

【译文】孟子说：“从前，尧向上天推荐舜，上天接受了他；向人民作了宣告，人民也接受了他。所以说：‘上天不说话，只是以行动与事实显示天意罢了。’”

1.11

【原文】敬天之怒，无敢戏豫。敬天之渝[1]，无敢驰驱。昊天曰明，及尔出王[2]。昊天曰旦，及尔游衍。[3]

【注释】①渝：变化。②王：通往。③录自《诗经·大雅·板》。

【译文】敬畏上天发威怒，不敢戏谑自放纵。敬畏上天变化大，不敢狂放恣意行。上天眼明观天下，随你出入无所隐。上天眼亮察四方，随你游逛在身旁。

1.12

【原文】天行有常，不为尧存，不为桀亡。应之以治则吉，应之以乱则凶。[1]

【注释】①录自《荀子·天论篇第十七》。

【译文】上天的运行自有恒常之道，它不为尧而存在，它不为桀而消亡。以治顺天则吉利，以乱逆天则凶险。

1.13

【原文】王曰："惟天地万物父母，惟人万物之灵。"[1]

【注释】①录自《尚书·周书·泰誓上》。

【译文】周武王说："天地，是万物的父母；人类，是万物中有灵性的。"

1.14

【原文】民之质矣[1]，日用饮食[2]。

【注释】①质：质朴，诚信。②录自《诗经·小雅·天保》。

【译文】平民百姓本质朴实，每日吃饱就安心。

1.15

【原文】文子[1]曰："（舅犯）见利不顾其君，其仁不足称也[2]。我则随武子乎[3]！利其君，不忘其身；谋其身，不遗其友。"晋人谓文子知人。[4]

【注释】①文子：赵文子，春秋晋国之贤大夫。②此语指舅犯。③武子：士会。④录自《礼记·檀弓下》。

【译文】赵文子说："（舅犯）见到利益就不顾他的君主，他的仁德不足称颂。我就追随武子吧！武子善于为他的君主谋利，但也不忘自身利益；谋求自身利益的时候，也不会遗忘朋友。"晋国人都说赵文子了解人。

1.16

【原文】孔子曰："饮食男女，人之大欲存焉。死亡贫苦，人之大恶存焉。故欲、恶者，心之大端也。人藏其心，不可测度也。美恶皆在其心，不见其色也，故一以穷之，舍礼何以哉？"①

【注释】①录自《礼记·礼运》。

【译文】孔子说："饮食和男女之事，是人的大欲望。死亡和生活贫苦，是人们极度厌恶的。所以，欲望和厌恶两种情性，是人心的主要方面。人隐藏他的内心，不可测度。善恶皆在他的内心，不表现于外表，要想看尽人的善恶好歹，舍弃礼又依靠什么呢？"

1.17

【原文】（孟子）曰："无恒产而有恒心者，惟士为能。若民则无恒产，因无恒心。苟无恒心，放辟邪侈，无不为已。及陷于罪，然后从而刑之，是罔民也①。

焉有仁人在位，罔民而可为也？是故明君制民之产，必使仰足以事父母，俯足以畜妻子，乐岁终身饱，凶年免于死亡。然后驱而之善，故民之从之也轻。

今也制民之产，仰不足以事父母，俯不足以畜妻子，乐岁终身苦，凶年不免于死亡。此惟救死而恐不赡②，奚暇治礼义哉？

王欲行之，则盍反其本矣。五亩之宅，树之以桑，五十者可以衣帛矣。鸡豚狗彘③之畜，无失其时，七十者可以食肉矣。百亩之田，勿夺其时，八口之家可以无饥矣。谨庠序④之教，申[5]之以孝悌之义，颁白者不负戴于道路矣。老者衣帛食肉，黎民不饥不寒，然而不王者，未之有也。”[6]

【注释】①罔：同“网”，设网陷害。②赡（shàn）：足够。③彘（zhì）：猪。④庠序：古代学校。⑤申：反复。⑥录自《孟子·梁惠王章句上》。

【译文】（孟子）说：“没有恒定财产而有恒定之心，只有贤士能够做到。至于普通老百姓若无恒定财产，就不会有恒定之心。假如没有恒定之心，就会放纵邪恶，无所不为。等到他们犯了罪，然后用刑罚惩治，这无异于设置圈套陷害老百姓啊！

哪里有仁爱之人在位，而去做出设置圈套陷害百姓的事呢？所以贤明君主规定人们的财产，一定要使他们上足以供养父母，下足以抚养妻子、儿女，丰年食足衣暖，灾年免于死亡。然后引导他们行为向善，这样让百姓服从也变得容易了。

现在规定给百姓的财产，上不足以供养父母，下不足以抚养妻子、儿女，丰年整年穷苦，灾年不能免于死亡。这样，百姓把自己从死亡中解救出来都唯恐来不及，哪里还有闲暇去修治礼义呢？

大王若要施行仁政，何不从根本做起呢？五亩的住宅周围，种上桑树，五十岁的人就可以穿上丝绸衣服了。鸡、狗、猪一类的牲畜，都能依年时饲养，七十岁的人就可以吃肉了。分给百亩的农田，不要耽误农时，八口之家也可以不受饥饿了。办好学校教育，反复重申孝敬父母、友爱兄长的道义，头发花白的人就不会再负重劳累在道路上了。老人穿上丝绸衣服、吃上肉，百姓不受饥寒之苦，这样还不能使天下归服，是未曾有过的事情啊。”

1.18

【原文】孟子曰："人有恒言，皆曰'天下国家。'天下之本在国，国之本在家，家之本在身。"[①]

【注释】①录自《孟子·离娄章句上》。

【译文】孟子说："人们常常有句话，都说：'天下国家。'天下的根本在国，国的根本在家，家的根本在个人。"

1.19

【原文】孟子曰："天下之言性也，则故而已矣。故者以利为本。所恶于智者，为其凿也[①]。如智者若禹之行水也，则无恶于智矣。禹之行水也，行其所无事也。如智者亦行其所无事，则智亦大矣。天之高也，星辰之远也，苟求其故，千岁之日至[②]可坐而致也。"[③]

【注释】①凿：穿凿附会。②日至：冬至。③录自《孟子·离娄章句下》。

【译文】孟子说："天下之人谈论人性，只要按照它的本源去认识就可以了。推求人性的本源，都是以利为本。之所以厌恶那些所谓的聪明人的原因，就是因为他们喜欢穿凿附会。如果这些所谓的聪明人能像大禹治水一样行事，那么人们就不会厌恶他们了。大禹治水，只是顺应水性而不勉强行事。如果这些所谓的聪明人也顺应人性而不勉强行事，那智慧真的不小了。天空虽高，星辰虽远，若探求它们的本源，千年的冬至也可以坐着推算出来了。"

1.20

【原文】孟子曰："乃若其情，则可以为善矣，乃所谓善也。若夫为不善，非才之罪也。恻隐之心，人皆有之；羞恶之心，人皆有之；恭敬之心，人皆有之；是非之心，人皆有之。恻隐之心，仁也；羞恶之心，义也；恭敬之心，礼也；是非之心，智也。仁义礼智，非由外铄[①]我也，我固有之也，弗思耳矣。故曰：'求则得之，舍则失之。'或相倍蓰[②]而无算者，不能尽其才者也。"[③]

【注释】①铄：熔化金属，自外至内。②蓰（xǐ）：五倍。③录自《孟子·告子章句上》。

【译文】孟子说："顺着人的天生本性，就可以做到善良了，这就是我所说的人性善。假如人行不善，这不能归罪于他的天生素质。同情之心，人皆有之；羞耻之心，人皆有之；恭敬之心，人皆有之；是非之心，人皆有之。同情之心，是仁；羞耻之心，是义；恭敬之心，是礼；是非之心，是智。仁、义、礼、智，不是由外部赋加于我的，而是我固有的，只不过未探求它罢了。所以说：'探求则得到，舍弃则失去。'人与人之间相差一倍、五倍甚至无数倍的原因，就是因为人未能尽量发挥他的本性罢了。"

1.21

【原文】皇祖有训：民可近，不可下；民惟邦本，本固邦宁。予视天下，愚夫愚妇一能胜予。一人三失，怨岂在明？不见是图[①]。予临兆民，懔[②]乎若朽索之驭六马；为人上者，奈何不敬？[③]

【注释】①图：谋划。②懔：恐慎。③录自《尚书·夏书·五子之歌》。

【译文】伟大的祖先有常训：对于民众，可以亲近，不可以轻贱；民众是国家的根本，根本稳固，国家才能安宁。我看天下之人，哪怕是愚夫愚妇都有超过我的地方。一个人多次有过失，难道要等到民怨彰显而无以挽救的时刻吗？为什么不能在不明显的时候就试图去提防呢？我面对天下百姓，恐慎得像用腐坏的缰绳驾驭六匹马一样；为人之上的元首，为什么不恭敬行事呢？

1.22

【原文】子曰："道不远人。人之为道而远人，不可以为道。《诗》云：'伐柯伐柯，其则不远。'执柯以伐柯，睨而视之，犹以为远。故君子以人治人，改而止。"①

【注释】①录自《礼记·中庸》。

【译文】孔子说："道不远离人。人行道而远离人，就不可能行道。《诗经》说：'砍伐树木做斧柄，斧柄样子在眼前。'握着斧柄砍制斧柄，斜眼就可以看见，仍然认为离远了。所以，君子按人道治理人事，稍离人道则改正直至符合人道为止。"

1.23

【原文】（孟子曰：）"人之有道也，饱食，暖衣，逸居，而无教，则近于禽兽。圣人有忧之，使契为司徒①，教以人伦：父子有亲，君臣有义，夫妇有别，长幼有序，朋友有信。放勋②曰：'劳之来之，匡之直之，辅之翼之，使自得之，又从而振德之。’”[3]

【注释】①契：传说中商的始祖，被虞舜任为司徒，主管教化。②放勋：唐尧姓伊祁，名放勋。③录自《孟子·滕文公章句上》。

【译文】（孟子说：）“人有做人之道，吃饱了，穿暖了，住好了，可是缺乏教化，就与禽兽差不多了。圣人虞舜为此忧虑，于是让契担任司徒，以人伦关系的正道教育百姓：使父子亲近互爱，君臣行为合宜，夫妇内外有别，长幼礼敬合序，朋友忠诚信用。唐尧说：‘抚慰他们，匡正他们，帮助他们，使人人都能各安其所，又进而教诲他们。’”

1.24

【原文】孟子曰：“民为贵，社稷[1]次之，君为轻。”[2]

【注释】①社稷：土谷之神，此指国家。②录自《孟子·尽心章句下》。

【译文】孟子说：“人民最重要，国家为其次，君主最轻了。”

1.25

【原文】（子产曰：）“求逞于人，不可。与人同欲，尽济。”[1]

【注释】①录自《左传·昭公四年》。

【译文】（子产说：）“希望强迫别人顺从自己的愿望，这样不行。与别人的欲望一致，就能成功。”

1.26

【原文】好人之所恶，恶人之所好，是谓拂人之性，灾必逮乎身。是故君子有大道，必忠信以得之，骄泰以失之。[①]

【注释】①录自《礼记·大学》。

【译文】喜好别人所厌恶的，厌恶别人所喜好的，这叫作背逆人的本性，灾祸必然降临到这种人身上。所以，君子据有大道，一定是忠诚、信实才能得到，骄傲、放纵就会失去。

1.27

【原文】帝曰："人心惟危，道心惟微。惟精惟一，允执厥中。"[①]

【注释】①录自《尚书·虞书·大禹谟》。

【译文】舜帝说："人心危险难安，道心精微难明。务必精研专一，真诚奉行中道。"

1.28

【原文】子曰："舜其大知也与？舜好问而好察迩言。隐恶而扬善，执其两端，用其中于民，其斯以为舜乎？"[①]

【注释】①录自《礼记·中庸》。

【译文】孔子说："舜算是大智之人了吧？舜喜欢发问并喜欢观察浅近之言。使恶退隐而弘扬良善，执持善恶两端，用适中合宜的中正之道要求百姓，正因为这样他才成为舜了吧？"

1.29

【原文】汤、武非取天下也，修其道，行其义，兴天下之同利，除天下之同害，而天下归之也。桀、纣非去天下也，反禹、汤之德，乱礼义之分，禽兽之行，积其凶，全其恶，而天下去之也。[1]

【注释】①《荀子·正论篇第十八》。

【译文】商汤、武王并非自取天下，而是以道修身，行为正义，争取天下的共同利益，去除天下的共同祸害，因而天下之人归服。夏桀、商纣并非自愿丢失天下，而是背离夏禹、商汤的美德，混乱礼义的名分，禽兽一般行事，积累凶残，罪恶滔天，所以天下之人抛弃了他们。

1.30

【原文】人之性恶，其善伪[1]也。

今人之性，生而有好利焉，顺是，故争夺生而辞让亡焉；生而有疾恶焉，顺是，故残贼生而忠信亡焉；生而有耳目之欲，有好声色焉，顺是，故淫乱生而礼义文理亡焉。然则以人之性，顺人之情，必出于争夺，合于犯分乱理而归于暴。故必将有师法之化，礼义之道，然后出于辞让，合于文理，而归于治。

用此观之，然则人之性恶明矣，其善者伪也。[2]

【注释】①伪：人为，后天人为。②录自《荀子·性恶篇第二十三》。

【译文】人性本恶，其善是后天人为的。

现在人的本性，生来就喜欢财利，顺从了这种本性，所以争夺发生而辞让消亡；生来就有嫉妒、憎恶之情，顺从了这种本性，所以残忍、伤害发生而忠诚、信用消亡；生来就有眼、耳的欲望，会喜好声色，顺从了这种本性，所以淫乱发生而礼义纲纪消亡。这样，依从人的本性，顺应人的情感，必生出争夺之心，从而做出违反纪律扰乱礼法的行为，最终形成混乱局面。因此，必须有尊师、法度的教化和礼义的引导，才能产生谦让、遵守纲纪的行为，国家最终才能安定太平。

由此可见，说人性本恶的道理是十分清楚的，其善是后天人为的。

1.31

【原文】一阴一阳之谓道。继之者善也，成之者性也。仁者见之谓之仁，知者见之谓之知，百姓日用而不知，故君子之道鲜矣。显诸仁，藏诸用，鼓万物而不与圣人同忧。盛德大业至矣哉！①

【注释】①录自《周易·系辞上》。

【译文】一阴一阳的变化规律叫作道。承继道的是良善，成就道的是本性。仁者见道称之为仁，智者见道称之为智，百姓日常用道却并不知道，即便是君子也很少能认识道的全面内涵了。道，显现于仁德，潜藏于日用，鼓动万物生成却不像圣人一般忧思劳神。道成就盛美德行和宏大伟业可以说是达到极致的境地了！

1.32

【原文】天命之谓性，率①性之谓道，修道之谓教。道也者，不可须臾离也，可离非道也。②

【注释】①率：遵循。②录自《礼记·中庸》。

【译文】上天赋予人的叫作人性，因循人性而行叫作道，以道修身而推广于大众叫作教。道，不可以片刻离开。可以离开，就不是道了。

1.33

【原文】君子之道费而隐[①]。夫妇之愚可以与知焉；及其至也，虽圣人亦有所不知焉。夫妇之不肖，可以能行焉；及其至也，虽圣人亦有所不能焉。天地之大也，人犹有所憾。故君子语大，天下莫能载焉；语小，天下莫能破焉。《诗》云："鸢飞戾天[②]，鱼跃于渊。"言其上下察也。君子之道，造端乎夫妇；及其至也，察乎天地。[③]

【注释】①费而隐：广泛而精微。②鸢：鹞鹰。戾：至。③录自《礼记·中庸》。

【译文】君子之道，运用广泛而蕴义精微。普通男女虽然愚昧，也可以知道一般道理；到达极致的境界，即使圣人也有所不知。普通男女虽然不贤，也可以实行一般道理；到达极致的境界，即使圣人也不能完全达到。所以，君子说到大，天下不能承载；说到小，就小得连点也分不开。天地如此辽阔，人们仍然觉得有所憾恨。《诗经》说："鹞鹰飞翔至蓝天，鱼儿跳跃在深渊。"讲的是上下明察。君子之道，起端于普通男女；到达极致，明察通达天地。

1.34

【原文】（武王）曰："天视自我民视，天听自我民听。"[①]

【注释】①录自《尚书·周书·泰誓中》。

【译文】（周武王）誓师说："上天所视，来自我们百姓；上天所听，来自我们百姓。"

1.35

【原文】仁不胜道。[1]

【注释】①录自《春秋穀梁传·僖公二年》。

【译文】仁胜不过道。

1.36

【原文】孟子曰："尽其心者，知其性也。知其性，则知天矣。存其心，养其性，所以事天也。殀寿不贰，修身以俟之，所以立命也。"[1]

【注释】①录自《孟子·尽心章句上》。

【译文】孟子说："穷究本心，就知道人性了。知道人性，就知道上天了。保持本心，培养人性，是为了服从天命。无论寿命长短都不怀二心，修养自身以待天命，这样就可以安身立命了。"

1.37

【原文】皋陶[1]曰："天聪明[2]，自我民聪明。天明畏[3]，自我民明威。达于上下，敬哉有土。"[4]

【注释】①皋陶（yáo）：舜帝贤臣。②聪：听。明：视。③明：彰明。畏：惩罚。④录自《尚书·虞书·皋陶谟》。

【译文】皋陶说："上天的视听，来自天下百姓的视听。上天的赏罚，来自天下百姓的赏罚。天意与民心相通，务必谨慎啊，统领国家的君王！"

1.38

【原文】穆叔曰[①]："《大誓》云：'民之所欲，天必从之。'"[②]

【注释】①穆叔：春秋时期鲁国贤臣。②录自《左传·襄公三十一年》。

【译文】穆叔说："《大誓》说：'人民所要求的，上天一定会听从。'"

1.39

【原文】孟子曰："君子深造之以道，欲其自得之也。自得之，则居之安。居之安，则资之深。资之深，则取之左右逢其原。故君子欲其自得之也。"[①]

【注释】①录自《孟子·离娄章句下》。

【译文】孟子说："君子凭借道求得深造，是希望自觉得道。自觉得道，则居处安定。居处安定，则积累至深。积累至深，则能运用自如、左右逢源。所以，君子希望自觉得道。"

1.40

【原文】王庸[①]作书以诰曰："以告正于四方，台[②]恐德弗类[③]，兹故弗言，恭默思道。"[④]

【注释】①王：殷高宗武丁。庸：因此，指武丁为亡父居丧三年，沉默不语。②台（yí）：我。③类：善。④录自《尚书·商书·说命上》。

【译文】殷高宗因此作文诰命天下说："上天赐命于我匡正四方，我担心德行不善，所以一直沉默不语，恭谨沉静地悟思道的义理。”

1.41

【原文】 君子之道：本诸身，征诸庶民，考诸三王而不缪，建诸天地而不悖，质诸鬼神而无疑，百世以俟圣人而不惑。质诸鬼神而无疑，知天也；百世以俟圣人而不惑，知人也。是故君子动而世为天下道，行而世为天下法，言而世为天下则。[①]

【注释】 ①录自《礼记·中庸》。

【译文】 君子之道：以自身为根本，在平民百姓中验证，考察于夏、商、周三代圣迹而无谬误，建立于天地间而无违背，证实于鬼神而无疑问，百代圣人出来而无疑惑。证实于鬼神而无疑问，这是知天；百代圣人出来而无疑惑，这是知人。因此，君子举动而世代作为天下之道，行事而世代作为天下之法，言语而世代作为天下之则。

1.42

【原文】（孟子）曰：“君子反经[①]而已矣。经正而庶民兴；庶民兴，斯无邪慝矣。”[②]

【注释】 ①反：通返。经：万世不易的常道。②录自《孟子·尽心章句下》。

【译文】（孟子）说：“君子回到恒常大道就可以了。恒常大道得以遵行，平民百姓就会奋起；平民百姓奋起，邪恶就会被消除了。”

1.43

【原文】子曰："鬼神之为德，其盛矣乎！视之而弗见，听之而弗闻，体物而不可遗。使天下之人齐明[①]盛服，以承祭祀。洋洋乎[②]如在其上，如在其左右。《诗》曰：'神之格思[③]，不可度思！矧可射思[④]！'夫微之显，诚之不可掩如此夫。"[⑤]

【注释】①齐：斋，斋戒。明：洁净。②洋洋乎：舒缓飘浮的样子。③格：止。思：语气助词。④矧（shěn）：况且。射（yì）：厌弃。⑤录自《礼记·中庸》。

【译文】孔子说："鬼神的德行，真是达到隆盛的境界了！看它却看不见，听它却听不到，体验事物却不遗忘。鬼神使天下的人斋戒洁净、服饰庄严，而敬事祭祀。这时鬼神舒缓飘浮，仿佛在人们之上，又仿佛在人们的左右。《诗经》说：'神明降临，不可测度！怎可厌弃！'鬼神从隐微中体现出显明，真诚之心不可掩盖就是这样的。"

1.44

【原文】（大司徒之职）以祀礼教敬[①]，则民不苟。[②]

【注释】①大司徒之职，须施行十二种教化，第一为祀礼教。②录自《周礼·地官司徒第二》。

【译文】（大司徒之职）以祭祀礼仪教民敬神，则百姓不会苟且随意。

1.45

【原文】问禘之说。子曰："不知也。知其说者之于天下也，其如示诸斯乎！"指其掌。[①]

【注释】①录自《论语·八佾第三》。

【译文】有人问禘祭的学问。孔子说："我不知道。知道禘祭学问的人治理天下，就像看这里一样吧！"指他的手掌。

1.46

【原文】虽疏食菜羹，必祭，必齐如也。[①]

【注释】①录自《论语·乡党第十》。

【译文】虽然是粗食菜汤，也一定要先祭祀一下，祭祀时还一定要像斋戒一样恭敬诚意。

1.47

【原文】万物本乎天，人本乎祖，此所以配上帝也。郊之祭也，大报本反始也。[①]

【注释】①录自《礼记·郊特性》。

【译文】万物本源于上天，人本源于祖先，所以人的祖先可以配祭上帝。郊外祭天，就是大规模的回报本源、返溯起始的祭祀。

1.48

【原文】其德薄者其志轻，疑于其义而求祭，使之必敬也弗可得已。祭而不敬，何以为民父母矣？[①]

【注释】①录自《礼记·祭统》。

【译文】道德浅薄的人对祭祀的事就心不在焉，对祭祀的意义也半信半疑，在这种情况下让他去向神求祭，要求他一定要恭敬那是不可能做到的；祭祀而不恭敬，又怎么为民父母呢？

1.49

【原文】凡治人之道，莫急于礼。礼有五经[①]，莫重于祭。夫祭者，非物自外至者也，自中出生于心也，心怵[②]而奉之以礼。是故唯贤者能尽祭之义。

贤者之祭也，必受福，非世所谓福也。福者备也，备则百顺之名也，无所不顺者之谓备，言内尽于己，而外顺于道也。[③]

【注释】①五经：五类，指古代吉礼、凶礼、军礼、宾礼、嘉礼五礼。②怵：感悟。③录自《礼记·祭统》。

【译文】凡是治人之道，没有比礼更紧要的。礼有五类，没有比祭礼更重要的。祭祀不是由外物到来而兴起，它是由人的内心产生的。人心有所感悟而以礼相待。所以，只有贤德的人才能透彻领悟祭祀的本义。

贤德之人的祭祀，必定会享受福，这不是世人所说的福。福就是完备，完备是百事顺利的说法。无所不顺叫作完备，说的是内心竭尽真诚，而在外行事则顺应于道。

1.50

【原文】祭如在，祭神如神在。子曰："吾不与祭，如不祭。"[①]

【注释】①录自《论语·八佾第三》。

【译文】祭祀犹如受祭者在眼前，祭祀神犹如神在眼前。孔子说："我不亲自参加祭祀，犹如未祭祀一样。"

1.51

【原文】王孙贾[1]问曰："'与其媚与于奥[2]，宁媚于灶[3]'，何谓也？"子曰："不然。获罪于天，无所祷也。"[4]

【注释】①王孙贾：卫国大夫。②奥：奥神，屋西南角之神。③灶：灶神，周人认为奥神尊贵，但灶神能通天。④录自《论语·八佾第三》。

【译文】王孙贾问道："'与其讨好奥神，宁可讨好灶神。'这是什么意思呢？"孔子说："不是这样的。得罪了上天，就无处可以祈祷了。"

二、则德合一第二

2.1

【原文】王曰："若昔大猷[1]，制治于未乱，保邦于未危。"[2]

【注释】①猷：道，法。②录自《尚书·周书·周官》。

【译文】周成王说："我们要顺应先王的大道大法，在未动乱的时候就制定成治法度，在未危难的时候就保障国家安宁。"

2.2

【原文】王曰："永畏惟罚，非天不中[1]，惟人在命。天罚不极[2]，庶民罔有令政在于天下。"[3]

【注释】①中：公平。②极：至。③录自《尚书·周书·

吕刑》。

【译文】周穆王说："永远敬畏的是上天的惩罚，这并不是上天不公平，这是人的命运。上天对邪恶的惩罚不到位，百姓就不会在天下享有完善的政治。"

2.3

【原文】《书》曰："圣作则。"[①]

【注释】①录自《左传·昭公六年》。

【译文】《尚书》说："圣人制定了法则。"

2.4

【原文】王曰："凡我造邦[①]，无从匪彝[②]，无即慆淫[③]，各守尔典，以承天休。尔有善，朕弗敢蔽；罪当朕躬，弗敢自赦。惟简[④]在上帝之心。"[⑤]

【注释】①造邦：建立的邦国。②匪彝：非法，不合常道的法度。③慆淫：放纵逸乐。④简：明察。⑤录自《尚书·商书·汤诰》。

【译文】汤王说："凡我建立的诸侯邦国，不得施行不合常道的法度，不得陷溺于放纵逸乐，各人要谨守你们的常法，以承接上天的福禄。你们行善，我不敢隐藏；我自身有罪，也不敢自我宽赦。一切都明察在上帝心中。"

2.5

【原文】王若曰："率自中，无作聪明乱旧章。详乃视听，罔以侧言改厥度。"[①]

【注释】①录自《尚书·周书·蔡仲之命》。

【译文】周成王这样说："要因循中道行事，不要自作聪明扰乱先王的常法。要审慎、周详分析所见所闻，不能以片面之词改变法度。"

2.6

【原文】王曰："天齐[1]于民，俾[2]我一日，非终惟终，在人。尔尚敬逆[3]天命，以奉我一人！虽畏勿畏，虽休勿休。惟敬五刑，以成三德[4]。一人有庆，兆民赖之，其宁惟永。"[5]

【注释】①齐：整饬，治理。②俾：职，任用。③逆：迎接，接受。④三德：一说为正直、刚克、柔克三德；一说为伯夷、大禹、后稷三后之德等。⑤录自《尚书·周书·吕刑》。

【译文】周穆王说："上天治理万民，让我们暂时任职，不得善终或得以善终，都在人的行为。你们能够恭承天命，以辅助我成就功业。有所畏惧才不至陷入畏途，虽能安逸却不安享安逸。敬施五刑，以成就伯夷、大禹、后稷的公正、勤劳、爱民美德。一人行善政，万民皆受益，国家也长治久安了。"

2.7

【原文】王曰："汝陈时臬[1]事罚。蔽殷彝[2]，用其义[3]刑义杀，勿庸以次[4]汝封。乃汝尽逊曰时叙[5]，惟曰未有逊事。已！汝惟小子，未其有若汝封之心[6]。朕心朕德，惟乃知。凡民自得罪，寇攘奸宄，杀越人于货[7]，暋[8]不畏死，罔弗憝[9]。"

王曰："封，元恶大憝，矧[10]惟不孝不友。子弗祗服厥父事，大伤厥考心；于父不能字[11]厥子，乃疾厥子；于弟弗念天显[12]，乃弗克恭厥兄；兄亦不念鞠子哀[13]，大不友于弟。惟吊兹[14]，不于我政人得罪，天惟与我民彝大泯乱[15]，曰：'乃其速由文王作罚，刑兹无赦。'"[16]

【注释】①臬（niè）：法度。②蔽：审断。彝：法度。③义：宜，合理。④次：通恣，顺从。⑤逊：顺。时叙：承顺。⑥若：顺从。⑦越：抢劫。⑧暋：强横。⑨憝（duì）：怨恨。⑩矧：也。⑪字：爱。⑫天显：天伦。⑬鞠子：幼子。哀：痛苦。⑭吊：至。⑮泯乱：混乱。⑯录自《尚书·周书·康诰》。

【译文】摄政王周公说："你（康叔封）要宣布法度才能施行刑罚。审断案件，要依据殷商的常法，采用合理合宜的刑罚标准，不能以是不是顺从你个人的心意为转移。如果说要以完全顺从你的心意才算承顺，那么就不会有承顺你的事情。就这样了！你尚年轻，不要有让人们顺从你心意的想法。我的心思，我的德政，请你理解。只要百姓有以下这类行为就陷入罪恶了，如盗窃、抢劫、内外作乱、杀人取货、强横不怕死，这些行为无人不怨恨。"

周公说："姬封，这些罪大恶极的人，往往也是不孝敬不友爱的人。儿子不能敬听父亲的话，大大伤害父亲的心；做父亲的不能疼爱自己的儿子，反而厌恶儿子；为弟的不顾念天伦，反而不尊敬自己的兄长；兄长也不顾念小弟的痛苦，对小弟极不友爱。到了这种地步，为政者竟不加惩罚，上天赐予天下百姓的常法就会陷于混乱了。所以说：'要尽快施行文王制定的刑罚，惩罚这些罪大恶极的人而不要赦免。'"

2.8

【原文】以刑教中，则民不暴。[1]

【注释】①录自《周礼·地官司徒第二》。

【译文】以刑罚教化中正之道，则人民不会凶残横暴。

2.9

【原文】以度教节，则民知足。[①]

【注释】①录自《周礼·地官司徒第二》。

【译文】以法度教化节制之道，则人民就会知道满足。

2.10

【原文】孟子曰："羿之教人射，必志于彀[①]，学者必志于彀。大匠诲人，必以规矩，学者亦必以规矩。"[②]

【注释】①彀（gòu）：弓拉满。②录自《孟子·告子章句上》。

【译文】孟子说："后羿教人射箭，强调一定要拉满弓，学射箭的人也一定要期望拉满弓。高明的木匠教人手艺，强调一定要依据规矩，学木匠手艺的人也一定要依据规矩。"

2.11

【原文】上以无法使，下以无度行，知者不得虑，能者不得治，贤者不得使。若是，则上失天性，下失地利，中失人和；故百事废，财物诎[①]而祸乱起。[②]

【注释】①诎：穷，尽。②录自《荀子·正论篇第十八》。

【译文】上不行使法纪，下不遵循法度，智者不得谋虑，能者不得参政，贤者不得任用。像这样，就会上失天理，下失地利，中失人和，于是百事荒废，财物穷尽而祸乱兴起。

2.12

【原文】天行健，君子以自强不息。[1]

【注释】①录自《周易·乾》。

【译文】天的运行刚劲强健，君子奋发图强，永不停息。

2.13

【原文】地势坤，君子以厚德载物。[1]

【注释】①录自《周易·坤》。

【译文】地的气度宽厚和顺，君子增进美德，容载万物。

2.14

【原文】（伊尹）曰："天难谌[1]，命靡常。常厥德，保厥位；厥德匪常，九有[2]以亡。夏王弗克庸[3]德，慢神虐民。皇天不保，监于万民，启迪有命[4]，眷求一德[5]，俾作神主[6]。惟尹躬暨汤咸有一德，克享[7]天心，受天明命，以有九有之师，爰革夏正[8]。非天私我有商，惟天佑于一德；非商求于下民，惟民归于一德。德惟一，动罔不吉；德二三，动罔不凶。惟吉凶不僭[9]，在人；惟天降灾祥，在德。"[10]

【注释】①谌：信。②九有：九州，国家。③庸：经常。④有命：指享有天命之人。⑤一德：纯一之德。⑥神主：神事的主人。⑦享：合。⑧正：通政。⑨僭：差错。⑩录自《尚书·商书·咸有一德》。

【译文】伊尹说："天意难以相信，命运没有恒常。经常修德，安保地位；修德无常，国家难免灭亡。夏桀不能常修己德，轻慢神灵而暴虐百姓。上天不安宁，监察万民，启迪享有天命的人，眷念寻求纯一之德的人，作为天命神事的元首。我伊尹和成汤都有纯一之德，能合天意，接受了上天大命，因而能拥有天下百姓，革除了夏桀的乱政。这并非上天偏私商邦，而是天意佑助纯一之德；并非商邦求民归附，而是民心归于纯一之德。修德专精纯一，动无不吉；修德三心二意，动无不凶。所以，凶吉无差错，在于人；灾祥由天降，在于德。”

2.15

【原文】（武王）曰：“受有亿兆夷人①，离心离德；予有乱臣②十人，同心同德。虽有周亲③，不如仁人。”④

【注释】①夷人：平民。②乱臣：治臣，拨乱之臣。③周：至。④录自《尚书·周书·泰誓中》。

【译文】周武王说：“商纣拥有亿兆平民，离心离德；我有治臣十人，同心同德。虽有至亲围绕，不如仁人在位。”

2.16

【原文】大学①之道，在明明德，在亲民，在止于至善。知止而后有定，定而后能静，静而后能安，安而后能虑，虑而后能得。物有本末，事有终始。知所先后，则近道矣。②

【注释】①大学：大人之学。②录自《礼记·大学》。

【译文】大学之道：在于彰显光明的德性，在于亲近人民，在于达到完善的境界。知道境界才能确定不移，确定不移才能平静不躁，平静不躁才能安宁不乱，安宁不乱才能周详谋虑，周详谋虑才能举措得当。万物有根本有枝节，万事有终结有开始。知道根本和枝节、终结和开始的先后顺序，就接近道了。

2.17

【原文】王若曰："惟圣罔念[①]作狂，惟狂克念作圣。天惟五年须暇[②]之子孙，诞[③]作民主，罔可念听。天惟求尔多方[④]，大动以威，开[⑤]厥顾天，惟尔多方罔堪顾之。惟我周王灵承[⑥]于旅，克堪用德，惟典[⑦]神天。天惟式[⑧]教我用休，简畀殷命[⑨]，尹尔多方。"[⑩]

【注释】①念：眷念。②须：等待。暇：当为夏。③诞：续。④多方：众国。⑤开：启示。⑥灵：善于。承：顺从。⑦典：执掌。⑧式：改。⑨简：明。殷：大。⑩录自《尚书·周书：多方》。

【译文】周成王这样说："圣明之人不眷念天意会变成狂妄之徒，狂妄之徒眷念天意也会变成圣明之人。上天用五年时间等待夏之子孙，让他继续做君王，可是他置若罔闻。上天又寻求你们众国，大降灾祸昭示天威，启示你们顾念天意，但你们众国却未能顾及。只有我们周王善于顺从民心，能够以德治天下，虔诚掌理皇天神灵的祭祀。上天于是改用美善启示我们，明赐治理天下的大命，统领你们众国诸方。"

2.18

【原文】自天子以至于庶人，壹是皆以修身为本，其本乱而末治者否矣。其所厚者薄，而其所薄者厚，未之有也。此谓知本，此谓知之至也。[①]

【注释】①录自《礼记·大学》。

【译文】从天子到普通百姓，都是以修身作为根本，根本败乱而枝叶兴盛的事是没有的。本应厚待的却薄待，本应薄待的却厚待，这也是不应有的事。这就叫作知道根本，这就叫作最高的智慧。

2.19

【原文】 穆叔曰[①]："豹闻之：'太上有立德，其次有立功，其次有立言。'虽久不废，此之谓三不朽。"[②]

【注释】 ①穆叔：鲁贤大夫，名豹。②录自《左传·襄公二十四年》。

【译文】 穆叔说："我听说：'最上是树立德行，其次是建立功业，其次是创立言论。'虽时间长久也不会废弃，这三者叫作三不朽。"

2.20

【原文】 孟子曰："不教民而用之，谓之殃民。殃民者，不容于尧、舜之世。"[①]

【注释】 ①录自《孟子·告子章句下》。

【译文】 孟子说："不教育人民就使用他们，叫作祸害人民。祸害人民的人，不被尧、舜之世容忍。"

2.21

【原文】 子曰："仁之为器重，其为道远。举者莫能胜也，行者莫能致也。取数多者，仁也。夫勉于仁者，不亦难乎？是故君子以义度人，则难为人；以人望人，则贤者可知已矣。"[①]

【注释】 ①录自《礼记·表记》。

【译文】 孔子说："仁像很重的器物一样，也犹如很远的道路一样。想举的人举不起，想走的人走不完。举得重一些和走得远一些的，就是仁了。如此致力于行仁，不算困难了吧？所以，君子以义为绝对标准衡量人，那就难得有人做到了；若以人与人相比较，那就可以知道谁是贤人了。”

2.22

【原文】子曰：“无欲而好仁者，无畏而恶不仁者，天下一人而已矣。是故君子议道自己，而置法以民。”①

【注释】①录自《礼记·表记》。

【译文】孔子说：“没有私欲而喜好仁德的人，无所畏惧而厌恶不仁的人，天下只是一人而已。所以君子谋议大道必从自己开始，而推广施行法度于百姓。”

2.23

【原文】皋陶曰：“无教①逸欲。有邦兢兢业业，一日二日万几②。无旷庶官③，天工④，人其代。”⑤

【注释】①教：效。②一日二日：日日。万几：变化万端。③旷：空设。庶官：众官。④工：同“功”。⑤录自《尚书·虞书·皋陶谟》。

【译文】皋陶说：“不要贪图安逸，放纵欲望。治国君臣理应兢兢业业，天天都会有千变万化。不要虚设官职，上天的功业，要依靠人来代替完成。”

2.24

【原文】天地革而四时成；汤武革命，顺乎天而应乎人。革之时，大矣哉！①

【注释】①录自《周易·革·彖传》。

【译文】天地变革而四季循环；商汤、武王变革夏桀、商纣的王命，上顺天命而下应人心。变革的时效，大得很啊！

2.25

【原文】汤之《盘铭》曰："苟日新，日日新，又日新。"《康诰》曰："作新民。"《诗》曰："周虽旧邦，其命惟新。"是故君子无所不用其极。①

【注释】①录自《礼记·大学》。

【译文】商汤的《盘铭》说："假如一日能够自新，日日都要自新，自新了还要自新。"《康诰》说："鼓励民众自新。"《诗经》说："大周虽是旧邦国，承受天命却维新。"所以，君子自新无不用尽各种手段。

2.26

【原文】孔子遂言曰："古之为政，爱人为大。不能爱人，不能有其身。不能有其身，不能安土。不能安土，不能乐天。不能乐天，不能成其身。"①

【注释】①录自《礼记·哀公问》。

【译文】孔子于是说："古代治政，爱人为大。不能爱人，就不能保护自身。不能保护自身，就不能安居一地。不能安居一地，就不能乐行天命。不能乐行天命，就不能成就人生。"

2.27

【原文】子贡曰："如有博施于民而能济众，何如？可谓仁乎？"子曰："何事于仁，必也圣乎！尧、舜其犹病诸！夫仁者，己欲立而立人，己欲达而达人。能近取譬，可谓仁之方也已。”①

【注释】①录自《论语·雍也第六》。

【译文】子贡说：“若有人广泛地施惠于百姓而能周济众人，怎么样？这个人可称得上仁德吗？”孔子说：“何止是仁德，一定是圣德了！尧、舜都还难以做到哩！仁德之人，自己要立得住从而使别人也立得住，自己要通达从而使别人也通达。能以自己为例证且推己及人，这可以说是实行仁德的方法了。”

2.28

【原文】子贡问曰：“有一言而可以终身行之者乎？”子曰：“其‘恕’乎！己所不欲，勿施于人。”①

【注释】①录自《论语·卫灵公第十五》。

【译文】子贡问道：“有一个字可以终身奉行的吗？”孔子说：“这就是‘恕’吧！自己不愿意接受的，不要施加于其他人。”

2.29

【原文】孟子曰：“三代之得天下也以仁，其失天下也以不仁。国之所以废兴存亡者亦然。天子不仁，不保四海。诸侯不仁，不保社稷。卿大夫不仁，不保宗庙。士庶人不仁，不保四体。今恶死亡而乐不仁，是犹恶醉而强酒。”①

【注释】①录自《孟子·离娄章句上》。

【译文】孟子说：“夏、商、周三代得天下是因为仁，失去天下是因为不仁。国家之所以衰败、兴盛、生存、灭亡也是这样。天子不仁，不保天下。诸侯不仁，不保国家。卿大夫不仁，不保封地。士人百姓不仁，不能保全生命。现在的人厌恶死亡而乐行不仁，这好比厌恶醉酒而勉强喝酒一样。”

2.30

【原文】孟子曰：“不仁者可与言哉？安其危而利其菑[①]，乐其所以亡者。不仁而可与言，则何亡国败家之有！有孺子歌曰：‘沧浪之水清兮，可以濯我缨[②]。沧浪之水浊兮，可以濯我足。’孔子曰：‘小子听之：清斯濯缨，浊斯濯足矣。自取之也。夫人必自辱，然后人侮之；家必自毁，而后人毁之；国必自伐，而后人伐之。’《太甲》曰：‘天作孽，犹可违。自作孽，不可活。’此之谓也。”[③]

【注释】①菑：同灾。②濯（zhuó）：洗。缨：系帽丝带。③录自《孟子·离娄章句上》。

【译文】孟子说：“难道可以与不仁的人共同言语吗？这些人安于别人的危难而从别人的灾祸中谋利，乐于别人的消亡。如果可以与不仁的人共同言语而劝他行仁，那么怎么还会有亡国败家的事情呢？有个孩童唱道：‘沧浪之水清啊，可以洗我帽带。沧浪之水浊啊，可以洗我的脚。’孔子说：‘学生们听着：水清洗带，水浊洗脚。这都是水自己招致的。’人一定是自己贱辱，然后人们才会贱辱他；家一定是自己毁坏，而后别人才会毁坏它；国家一定是自己可伐，而后别人才会讨伐它。《太甲》说：‘上天降下的灾祸，还可以避开；自己造的罪孽，不可以逃脱。’讲的就是这个道理啊！”

2.31

【原文】孟子曰：“君子所以异于人者，以其存心也。君子以仁存心，以礼存心。仁者爱人，有礼者敬人。爱人者，人恒爱之。敬人者，人恒敬之。有人于此，其待我以横逆，则君子必自反也：'我必不仁也，必无礼也，此物奚宜至哉？'其自反而仁矣，自反而有礼矣，其横逆由是也，君子必自反也：'我必不忠。'自反而忠矣，其横逆由是也。君子曰：'此亦妄人也已矣。如此，则与禽兽奚择哉？于禽兽又何难焉！'是故君子有终身之忧，无一朝之患也。"①

【注释】①录自《孟子·离娄章句下》。

【译文】孟子说："君子和一般人的不同之处，在于他的存心不同。君子以仁爱存于心，以礼貌存于心。仁爱的人爱人，有礼貌的人尊敬人。爱人的人，别人也经常爱他。尊敬人的人，别人也经常尊敬他。假如有一个人对自己横蛮无理，那么君子一定会反躬自省：'我一定不仁，一定无礼，不然这个人怎么会这样做呢？'他反躬自省而做到了仁，反躬自问而做到了礼貌，这个人还是照样横蛮无理。君子还会反躬自省：'我一定不忠。'反躬自省而做到了忠，这个人还是照样横蛮无理。君子会说：'这只是一个狂妄之人罢了。既然如此，那么与禽兽有什么分别呢？对于禽兽，我又何必责怪呢！'所以，君子有终身的忧虑，就不会有一朝的祸患。"

2.32

【原文】孟子曰："五谷者，种之美者也。苟为不熟，不如荑稗①。夫仁亦在熟之而已矣。"②

【注释】①荑稗（tí bài）：稻田中的杂草，可作牲畜饲料。②录自《孟子·告子章句上》。

【译文】孟子说："五谷，是农作物中的好品种。假如长不成熟，还不如稗草之类。仁，也要成熟才行啊。”

2.33

【原文】子言之：“君子之所谓义者，贵贱皆有事于天下。”[①]

【注释】①录自《礼记·大学》。

【译文】孔子说道：“君子所说的义，是指无论地位高低的人在天下都有自己的职分。”

2.34

【原文】（召公）曰：“德盛不狎侮[①]。狎侮君子，罔以尽人心；狎侮小人，罔以尽其力。”[②]

【注释】①狎侮：轻慢，戏弄。②录自《尚书·周书·旅獒》。

【译文】召公说：“德行隆盛的人不会轻慢戏弄他人。轻慢戏弄君子，就不能使人尽心；轻慢戏弄百姓，就不能使人尽力。”

2.35

【原文】孔子遂言曰：“古之为政，爱人为大。所以治爱人，礼为大。所以治礼，敬为大。”[①]

【注释】①录自《礼记·哀公问》。

【译文】孔子于是说：“古代治理政事，爱人最重要。要做到爱人，礼最重要。要实施礼，恭敬最重要。”

2.36

【原文】孟子曰：“贤者以其昭昭[①]，使人昭昭。今以其昏昏[2]，使人昭昭。”[3]

【注释】①昭昭：清楚明白。②昏昏：混沌糊涂。③录自《孟子·尽心章句下》。

【译文】孟子说：“贤者自己清楚明白而想使人清楚明白，今人自己混沌糊涂而想使人清楚明白。”

2.37

【原文】子曰：“人而无信，不知其可也。大车无輗[1]，小车无軏[2]，其何以行之哉？”[3]

【注释】①輗（ní）：大车辕和车前横木连接的部件。②軏（yuè）：小车辕和车前横木连接的部件。③录自《论语·为政第二》。

【译文】孔子说：“一个人如果没有信用，不知他怎么可以。大车没有輗，小车没有軏，它又怎么能行驶呢？”

2.38

【原文】孟子曰：“诚者，天之道也；思诚者，人之道也。至诚而不动者，未之有也；不诚，未有能动者也。”[1]

【注释】①录自《孟子·离娄章句上》。

【译文】孟子说：“真诚，是上天之道；追求真诚，是为人之道。极端真诚而不能感动别人，是没有过的；不怀真诚，是不可能感动别人的。”

2.39

【原文】（仲虺）曰：“予闻曰：能自得师者王，谓人莫己若者亡。好问则裕，自用则小。”[1]

【注释】①录自《尚书·商书·仲虺之诰》。

【译文】（仲虺）说："我听说：能够自己求得老师的人为王，以为别人皆不如自己的人灭亡。好问的人伟大，唯我独尊的人渺小。"

2.40

【原文】伊尹申诰于王曰："有言逆[1]于汝心，必求诸道；有言逊[2]于汝志，必求诸非道。"[3]

【注释】①逆：违背。②逊：顺从。③录自《尚书·商书·太甲下》。

【译文】伊尹反复告诫王（太甲）说："有的言论违背你的心意，一定要从是否合道来衡量；有的言论顺从你的心志，一定要从是否不合道来衡量。"

2.41

【原文】（伊尹）曰："无自广以狭人[1]。匹夫匹妇不获自尽[2]，民主罔与成厥功。"[3]

【注释】①自广：看高自己。狭人：小看别人。②自尽：竭尽心力。③录自《尚书·商书·咸有一德》。

【译文】（伊尹）说："不可高估自己而小看别人。如果你认为别人都无知，那么普通平民百姓就不能尽他们的能力详尽陈述他们的意见，你这个国君也就不能做得成功。"

2.42

【原文】王曰："尔无忿疾于顽[1]，无求备于一夫。必有忍，其乃有济[2]；有容，德乃大。"[3]

【注释】①顽：愚钝。②济：成。③录自《尚书·周书·君陈》。

【译文】周成王说："你不要怨怒愚钝之人，不要对一个人求全责备。一定要有所忍耐，那才能成功；一定要所宽容，德行才能光大。"

2.43

【原文】谦，亨。天道下济而光明，地道卑而上行。天道亏盈而益谦，地道变盈而流谦，鬼神害盈而福谦，人道恶盈而好谦。谦尊而光，卑而不可逾，君子之终也。①

【注释】①录自《周易·谦·彖传》。

【译文】谦虚，亨通。天道下济万物而益显光明，地道卑谦而上行。天道亏损盈满而增益谦虚，地道改变盈满而充实谦虚，鬼神损害盈满而施福谦虚，人道厌恶盈满而喜好谦虚。谦虚之人尊贵而光明，位卑也难以被超越，君子能够善终了。

2.44

【原文】子曰："若圣与仁，则吾岂敢？抑为之不厌，诲人不倦，则可谓云尔已矣。"公西华曰："正唯弟子不能学也。"①

【注释】①录自《论语·述而第七》。

【译文】孔子说："若讲到圣与仁，那我哪里敢当？不过追求不知厌烦，教导人不知疲倦，也就是这样罢了。"公西华说："这正是弟子们学不到的。"

2.45

【原文】伊尹申诰于王曰："若升高，必自下；若陟遐[1]，必自迩。无轻民事，惟难；无安厥位，惟危。慎终于始。"[2]

【注释】①遐：远。②录自《尚书·商书·太甲下》。

【译文】伊尹反复告诫王（太甲）说："如果要升到高处，必从下面开始；如果要行至远方，必从近处起步。不要看轻民事，它是很难的；不要安逸享位，它是很危险的。慎终要从开始做起。"

2.46

【原文】曾子曰："士不可以不弘毅[1]，任重而道远。仁以为己任，不亦重乎？死而后已，不亦远乎？"[2]

【注释】①弘毅：强毅。②录自《论语·泰伯第八》。

【译文】曾子说："贤士不可以不强毅，因为责任重大而路途长远。以仁德作为自己的责任，难道还不重大吗？奋斗终身，死而后已，难道路还不长远吗？"

2.47

【原文】子贡观于蜡[1]。孔子曰："赐也乐乎？"对曰："一国之人皆若狂，赐未知其乐也。"子曰："百日之蜡，一日之泽，非尔所知也。张而不弛，文武弗能也；弛而不张，文武弗为也；一张一弛，文武之道也。"[2]

【注释】①蜡：同"腊"，古代祭名。②录自《礼记·杂记下》。

【译文】子贡观看年终腊祭。孔子说："你也高兴吗？"子贡回答说：“一国之人都像发狂一般，我不知道乐在哪里?”孔子说：“百姓终年辛劳才得腊祭，享受一天的恩泽，这不是你所能了解的。紧张而不松弛，文王、武王也做不到；松弛而不紧张，文王、武王不会这样做；有紧张有松弛，这才是文王、武王之道。”

2.48

【原文】仲尼曰：“君子中庸[①]，小人反中庸。君子之中庸也，君子而时中；小人之中庸也[②]，小人而无忌惮也。”[③]

【注释】①中庸：不偏不倚，无过无不及。②晋代王肃《礼记》注本，此句应为“小人之反中庸也”。③录自《礼记·中庸》。

【译文】孔子说：“君子的言行合于中庸，小人的言行违反中庸。君子之所以能达到中庸的境界，是因为他们的言行时时刻刻保持适中；小人之所以违反中庸，是因为他们事事肆无忌惮。”

2.49

【原文】子曰：“道之不行也，我知矣：知者过之，愚者不及也。道之不明也，我知之矣：贤者过之，不肖者不及也。人莫不饮食也，鲜能知味也。”[①]

【注释】①录自《礼记·中庸》。

【译文】孔子说：“道不能实行，我知道原因了：智者过了头，愚者达不到。道不能为人明了，我知道原因了：贤者过了头，不肖者达不到。人没有不饮食的，却很少有人能辨别它的味道。”

2.50

【原文】君子曰："仁而不武，无能达也。"①

【注释】①录自《左传·宣公四年》。

【译文】君子说："只有仁爱之心而缺乏勇武之力，是做不成什么事的。"

2.51

【原文】子曰："中庸之德也，其至矣乎！民鲜久矣。"①

【注释】①录自《论语·雍也第六》。

【译文】孔子说："中庸作为一种美德，它达到极致的境界了！人们少有中庸之德已经很久了。"

2.52

【原文】子贡问："师与商也孰贤？"子曰："师也过，商也不及。"曰："然则师愈与？"子曰："过犹不及。"①

【注释】①录自《论语·先进第十一》。

【译文】子贡问："子张与子夏谁强一些？"孔子说："子张过分了，子夏达不到。"子贡说："那么子张强一些吗？"孔子说："过分和达不到是一样的。"

2.53

【原文】子曰："由也，女闻六言六蔽矣夫？①"对曰："未也。""居！吾语女。好仁不好学，其蔽也愚；好知不好学，其蔽也荡；好信不好学，其蔽也贼；好直不好学，其蔽也绞②；好勇不好学，其蔽也乱；好刚不好学，其蔽也狂。"③

【注释】①六言：六个字。蔽：弊病。②绞：尖刻刺人。③录自《论语·阳货第十七》。

【译文】孔子说："子路啊！你听说过六种品德和六种弊病吗?"子路回答说："没有。"孔子说："坐下！我告诉你。喜好仁德而不好学，它的弊病是受人愚弄；喜好智慧而不好学，它的弊病在放荡不羁；喜好信用而不好学，它的弊病在伤害自己；喜好正直而不好学，它的弊病在尖刻刺人；喜好勇敢而不好学，它的弊病在惹事作乱；喜好刚强而不好学，它的弊病在轻狂妄为。"

2.54

【原文】治气养心之术：血气刚强，则柔之以调和；知虑渐深，则一之以易良；勇毅猛戾，则辅之以道顺；齐给[1]便利，则节之以动止；狭隘褊小，则廓之以广大；卑湿重迟贪利，则抗[2]之以高志；庸众驽[3]散，则劫之以师友；怠慢僄[4]弃，则照[5]之以灾祸；愚款端悫[6]，则合之以礼乐，通之以思索。凡治气养心之术，莫经由礼，莫要得师，莫神一好。夫是之谓治气养心之术也。[7]

【注释】①齐给：迅速敏捷。②抗：举起，提升。③驽：低下，才低。④僄（piào）：轻佻。⑤照（zhào）：同"昭"。⑥悫（què）：诚笃，忠厚。⑦录自《荀子·修身篇》。

【译文】治气养心的方法是：对血气刚强的，则以心平气和柔化他；对智虑过深的，则以坦率善良来同化他；对勇毅暴戾的，则以不可歪曲的道理来帮助他；对轻率迅疾的，则以安定的行为来节制他；对气量狭隘的，则以心胸博大开导他；对卑下贪利的，则以高尚志向提升他；对平庸涣散的，则以良师益友管教他；对怠慢轻佻的，则以灾祸来提醒他；对愚钝诚朴的，则以礼乐来协调他，以思索开通他。大凡治气养心的方法，没有比礼义更便捷的，没有比良师更重要的，没有比专心致志更神妙的。这就是治气养心的方法。

2.55

【原文】孟子曰："《诗》曰：'天生蒸①民，有物有则②。民之秉夷③，好是懿④德。'孔子曰：'为此诗者，其知道乎！故有物必有则。民之秉夷也，故好是懿德。'"⑤

【注释】①蒸：众。②则：规则。③秉：执。夷：常法。④懿：美。⑤录自《孟子·告子章句上》。

【译文】孟子说："《诗经》说：'上天创生众百姓，若有事物必有则。民众秉执世常法，喜好美德成自然。'孔子说：'作这首诗的人，他深知大道了！所以有事物必有规则。民众秉持常法，所以喜好修养美德。"

三、常变合一第三

3.1

【原文】王曰："我闻吉人为善，惟日不足；凶人为不善，亦惟日不足。"①

【注释】①录自《尚书·周书·泰誓中》。

【译文】周武王说："我听说好人行善，整天都做还嫌不够；坏人作恶，也是整天都做还嫌不够。"

3.2

【原文】穆子[1]曰："吾闻诸叔向曰：'好恶不愆[2]，民之所适，事无不济。'"[3]

【注释】①穆子：晋将荀吴。②愆（qiān）：过错，失误。③录自《左传·昭公十五年》。

【译文】晋将穆子说："我听叔向说过：'喜好和憎恶没有过错，百姓知道自己的努力方向，这样，事情就没有不成功的。'"

3.3

【原文】《文言》曰：积善之家，必有余庆；积不善之家，必有余殃。臣弑其君，子弑其父，非一朝一夕之故，其所由来者渐矣！由辨之不早辨也。《易》曰："履霜，坚冰至。"盖言顺也。[1]

【注释】①录自《周易·坤·文言传》。

【译文】《文言传》说：积善家族，必有多福；积恶家族，必有多灾。臣杀君，子杀父，并非一朝一夕的缘故，这种恶行的形成是逐渐滋长起来的。这是由于应该辨识而未能及早辨识的原因导致的。《周易》说："踩到霜，意味着坚冰寒冬将会降临。"这是讲顺时渐生的发展道理吧。

3.4

【原文】禹曰："惠迪吉[1]，从逆凶[2]，惟影响[3]。"[4]

【注释】①惠：顺。迪：善道。②从：依从。逆：恶道。③影：影子。响：回声。④录自《尚书·虞书·大禹谟》。

【译文】大禹说："顺应善道则吉利，依从恶道则凶险，这道理就跟影子跟随形体和回声应合声响一样。"

3.5

【原文】伊尹曰："圣谟[①]洋洋，嘉言孔[②]彰！惟上帝不常[③]：作善，降之百祥；作恶，降之百殃。尔惟德罔小[④]，万邦惟庆；尔惟不德罔大[⑤]，坠厥宗。"[⑥]

【注释】①谟：谋略。②孔：很。③常：恒常。④尔：指不修先祖盛德的帝太甲。罔小：无论多小。⑤罔大：无论多大。⑥录自《尚书·商书·伊训》。

【译文】伊尹说："圣人谋略真美好，佳美教谕很明白！上帝的眷顾不常在一家：行善，降赐百种吉祥；作恶，降下百种祸殃。你修德行善，无论多小，天下都会庆幸；你不修德行善，无论多大，也会毁掉祖业。"

3.6

【原文】王[①]曰："欲败度，纵败礼，以速戾[②]于厥躬。天作孽[③]，犹可违[④]；自作孽，不可逭[⑤]。"[⑥]

【注释】①王：商帝太甲；太甲继承商汤帝位之后，昏庸无道，被伊尹放逐桐宫三年反省，终于回心转意，深明修德敬业大义，被伊尹迎回都城亲政。②速：招致。戾：罪过。③孽：灾祸。④违：避免。⑤逭（huàn）：逃。⑥录自《尚书·商书·太甲中》。

【译文】帝太甲说："纵欲败坏法度，放任败坏礼制，必然给自己招来罪过。天降灾祸，尚可避免；自酿灾祸，不可脱逃。"

3.7

【原文】文王在上，于昭于天。周虽旧邦，其命维新。有周不显，帝命不时[①]。文王陟降，在帝左右。[②]

【注释】①不：通“丕”，大。时：持久。②录自《诗经·大雅·文王》。

【译文】文王圣灵在天上，光辉普照天明光。岐周虽然是旧邦，但其使命在革新。周邦前景大美好，上帝降命运长久。文王升天又下降，常伴上帝左右旁。

3.8

【原文】复[①]，尽爱之道也。有祷祠之心焉，望反诸幽[②]，求诸鬼神之道也。北面，求诸幽之义也。[③]

【注释】①复：招魂。②幽：幽暗的鬼神居处，阴间。③录自《礼记·檀弓下》。

【译文】招魂，是尽到对亲人之爱的方式。怀着虔诚的祈祷之心，期望死者亡灵从阴间返回，这是祈求鬼神的方式。脸朝北，是祈求阴间的意思。

3.9

【原文】（延陵季子）曰[①]：“骨肉复归于土，命也。若魂气则无不之也，无不之也！”[②]

【注释】①延陵季子：吴公子季札，封于延陵，孔子称赞他为吴国习礼、合礼的人。②录自《礼记·檀弓下》。

【译文】（延陵季子）说：“（人死了之后）骨肉重新回到土中，这是命运。至于你的灵魂则无处不往，无处不往啊！”

3.10

【原文】（叔向）曰："天之假助不善，非祚[1]之也，厚其凶恶而降之罚也。"[2]

【注释】①祚（zuò）：福。②录自《左传·昭公十一年》。

【译文】晋大夫叔向说："上天假助坏人，并不是福佑他，而是增加他的罪恶以便降罚于他。"

3.11

【原文】国家将兴，必有祯祥；国家将亡，必有妖孽。[1]

【注释】①录自《礼记·中庸》。

【译文】国家将要兴盛，必定会有吉祥的预兆；国家将要灭亡，必定会有作祟的妖孽。

3.12

【原文】《象》曰：火在天上，大有；君子以遏恶扬善，顺天休命。[1]

【注释】①录自《周易·大有·象传》。

【译文】《象传》说：火焰燃烧在天上，象征大获吉利；君子遏止邪恶而弘扬善良，是顺应上天之命。

3.13

【原文】哀公问曰："何为则民服？"孔子对曰："举直错诸枉[1]，则民服；举枉错诸直，则民不服。"[2]

【注释】①直：正直。错：通"措"，放置。枉：邪恶。②录自《论语·为政第二》。

【译文】鲁哀公问道："怎么做才能让百姓服从?"孔子回答说："举拔正直的人置于邪恶的人上面，则百姓服从；举拔邪恶的人置于正直的人上面，则百姓不会服从。"

3.14

【原文】赏不欲僭[1]，刑不欲滥。赏僭则利及小人，刑滥则害及君子。若不幸而过，宁僭无滥；与其害善，不若利淫。[2]

【注释】①僭（jiàn）：逾越本分，差错。②录自《荀子·致士篇》。

【译文】奖赏不要过分，刑罚不要过滥。奖赏过分则会利于小人，刑罚过滥则会害及君子。如果不幸有过失，宁可奖赏过分也不能滥施刑罚；与其伤害善人，不如利于小人。

3.15

【原文】夫尚贤使能，赏有功，罚有罪，非独一人为之也，彼先王之道也，一人之本也，善善恶恶之应也。治必由之，古今一也。[1]

【注释】①录自《荀子·强国篇第十六》。

【译文】崇尚贤者使用能人，奖赏有功，惩罚有罪，并非一人如此，这是先王之道，是团结众人的根本，善报善良而恶报邪恶的报应成治必须如此，古今一样。

3.16

【原文】《文言传》[1]曰：夫大人者，与天地合其德，与日月合其明，与四时合其序，与鬼神合其吉凶。先天而天弗违，后天而奉天时。天岂弗违，而况于人乎？况于鬼神乎？

"亢"之为言也，知进而不知退，知存而不知亡，知得而不知丧。其唯圣人乎！知进退存亡而不失其正者，其唯圣人乎！[2]

【注释】①《文言传》：《易传》之一，分两篇解说乾卦、坤卦的要旨。②录自《周易·乾·文言》。

【译文】《文言传》说：大德大才之人，德行像天地一样创育万物，圣明像日月一样普照四方，顺时像四季一样有序不乱，示人吉凶像鬼神一样奥妙莫测。他先于天象而动，天不会违背他；他后于天象而动，也能够敬奉天时。天都不违背他，何况人呢？何况鬼神呢？

"高飞至穷极"的说法，是指人知道进取而不知道退处，知道生存而不知道消亡，知道获得而不知道失去。只有圣人才懂得这个道理吧！知道进取、退处、生存、消亡而行为不失正道的，大概也只有圣人吧！

3.17

【原文】《彖》曰：君子尚消息盈虚，天行也[1]。

【注释】①录自《周易·剥·彖传》。

【译文】《彖传》说：君子崇尚消亡与生息、盈盛与亏虚的变化，这是上天运行之道。

3.18

【原文】物不可穷也，故受之以未济终焉。[1]

【注释】①录自《周易·序卦》。

【译文】事物的发展是不可穷尽的，所以继象征事功已成的既济卦而以象征事功未成的未济卦作为《周易》六十四卦的终结。

3.19

【原文】《彖》曰：时止则止，时行则行；动静不失其时，其道光明。[1]

【注释】①录自《周易·艮·彖传》。

【译文】《彖传》说：时势要求抑止则抑止，时势要求前行则前行；动静皆不失去时机，行止之道就光辉明亮了。

3.20

【原文】夫《易》，圣人之所以极深而研几也。唯深也，故能通天下之志；唯几也，故能成天下之务；唯神也，故不疾而速，不行而至。[1]

【注释】①录自《周易·系辞上》。

【译文】《周易》，是圣人用来穷究幽深事理而探求细微象征的。只因深刻，所以能会通天下心志；只因察微，所以能成就天下事功；只因神妙，所以能不躁急而万事速成，不妄行而万功皆至。

3.21

【原文】神农氏没，黄帝、尧、舜氏作，通其变，使民不倦；神而化之，使民宜之[1]。《易》穷则变，变则通，通则久，是以"自天佑之，吉无不利"。[2]

【注释】①古代传说，伏羲氏始作八卦，结绳制网，教民渔猎；神农氏发明耒耜，教民农耕，日中而市；黄帝修德振兵，平息战乱，始创国家；唐尧顺天应时，普授民时，按年计官；虞舜理顺人伦，擢拔贤良，摈弃邪恶。伏羲氏、神农氏、黄帝、唐尧、虞舜都是中国传说中的远古圣人。②录自《周易·系辞下》。

【译文】神农氏去世，黄帝、唐尧、虞舜先后兴起，通达时势变化，使百姓进取不懈；神妙地变化革新，使百姓顺应时宜。《周易》之道：穷极则变化，变化则通顺，通顺则长久，所以"从上天降下佑助，吉祥而无不利"。

3.22

【原文】孟子曰："齐人有言曰：'虽有智慧，不如乘势；虽有鎡基[①]，不如待时。'"[②]

【注释】①鎡（zī）基：农具。②录自《孟子·公孙丑章句上》。

【译文】孟子说："齐国人有句话这样说：'纵然有智慧，也不如乘时势；纵然有农具，也不如待农时。'"

3.23

【原文】子曰："君子之于天下也，无适[①]也，无莫[②]也，义之与比[③]。"[④]

【注释】①适（shì）：一定要这样。②莫：一定不这样。③比（bì）：比邻，靠拢。④录自《论语·里仁第四》。

【译文】孔子说："君子对于天下之事，没有一定要这样干，也没有一定不这样干，道义与它相辅相成。"

3. 24

【原文】子绝四：毋意，毋必，毋固，毋我。[1]

【注释】①录自《论语·子罕第九》。

【译文】孔子杜绝四种毛病：不凭空猜测，不武断肯定，不拘泥固执，不唯我独尊。

3. 25

【原文】圣人设卦观象，系辞焉而明吉凶，刚柔相推而生变化。[1]

【注释】①录自《周易·系辞上》。

【译文】圣人设卦观察物象，各卦各爻皆属文辞以明吉凶的性质，各卦中皆以刚柔相互推动而产生变化。

3. 26

【原文】范围天地之化而不过，曲成万物而不遗，通乎昼夜之道而知。故神无方而《易》无体。[1]

【注释】①录自《周易·系辞上》。

【译文】《周易》之道能够概括天地的变化而无偏失，穷尽万物的生成而无遗漏，通达昼夜变化之道而无不知。所以，神的变化不拘于一方，《易》的变化也不定于一体。

3. 27

【原文】中行文子告成子曰[1]："有自晋师告寅者，将为轻车千乘以厌[2]齐师之门，则可尽也。"成子曰："寡君命恒曰：'无及寡，无畏众。'虽过千乘，敢辟之乎？将以子之命告寡君。”文子曰：“吾乃今知之所以亡。君子之谋也：始，衷[③]，终，皆举之而后入焉。今我三不知而入之，不亦难乎？”[④]

【注释】①中行文子：荀寅，出奔在齐。成子：陈大夫，国亡后归齐。②厌：迫，压。③衷：中间。④录自《左传·哀公二十七年》。

【译文】中行文子告诉陈成子说：“有人从晋军出来告诉我，说晋军将备轻车千辆以迫压齐军军门，就可以全歼齐军。”陈成子说：“国君命令我说：‘不要追击少数，不要畏惧众多。’虽然晋军车过千辆，我敢躲避他们吗？我将把你的话告诉国君。”中行文子说：“我至今知道逃亡在外的原因了。君子的谋划：开始，中间发展，结果，都要思虑周全才参与行动。如今我什么都不知就参与了行动，成功不是很难的吗？”

3.28

【原文】以类行杂，以一行万；始则终，终则始，若环之无端也，舍是而天下以衰矣。[①]

【注释】①录自《荀子·王制篇第九》。

【译文】以类分辨众物，以道应对万事。自始至终，从终而始，犹如圈环一样没有止境，背离此理则天下就衰败了。

3.29

【原文】人之所以为人者，言也。人而不能言，何以为人？言之所以言者，信也。言而不信，何以为言？信之所以为信者，道也。信而不道，何以为信？道之贵者时。其行，势也。[①]

【注释】①录自《春秋穀梁传·僖公二十二年》。

【译文】人之所以成为人，是因为言语。人不能言语，又怎么做人呢？言语之所以成为言语，是因为讲信用。言语不能讲信用，又怎么成为言语呢？信用之所以成为信用，是因为合道。讲信用却不合道，又怎么成为信用呢？道注重的是天时。道的实行，在于势。

3. 30

【原文】《易》之为书也，不可远。为道也屡迁，变动不居，周流六虚①，上下无常，刚柔相易，不可为典要②，唯变所适。其出入以度③，外内使知惧，又明于忧患与故，无有师保④，如临父母。初率⑤其辞，而揆其方⑥，既有典常⑦。苟非其人，道不虚行。⑧

【注释】①六虚：六爻。②典要：范式。③度：法度。④师保：教诲君王子弟的师长。⑤率：因循。⑥揆：测度。方：趋向。⑦典常：常法。⑧录自《周易·系辞下》。

【译文】《周易》作为经书，不可远离。它奉行大道屡屡变迁，变动不恒定，遍布六爻之间，上下无常数，刚柔交相变易，不可作为固定范式，只有变化才是它的走向。它出入皆讲求合于法度，居内处外使人知道敬畏。又因深明忧患而鉴知往事，身边即使无师长的告诫，也仿佛能受到父母的教诲。起初因循卦辞、爻辞，测度行动的趋向，这就可以把握适应变化的常法了。假如没有贤明的人，《周易》之道也不会凭空而行。

3. 31

【原文】艮①，东北之卦也，万物之所成，终而所成始也，故曰成言乎艮。②

【注释】①艮：六十四卦之一，象征抑止。②录自《周易·说卦》。

【译文】艮卦，是象征终而复始的东北方的卦，万物在此完成一轮的生成，终其一轮生成又重新开始萌生，所以说万物终其一轮生成又重新开始萌生于艮。

3.32

【原文】诸侯将见子臧[1]于王而立之，子臧辞，曰："前《志》有之，曰：'圣达节，次守节，下失节。'为君非吾节也。虽不能圣，敢失守乎？"遂逃，奔宋。[2]

【注释】①子臧：曹宣公庶子公子欣时，有德行，声望甚高。曹宣公死后，诸侯欲立他为曹君。②录自《左传·成公十五年》。

【译文】诸侯将让子臧去见周天子并立他为曹君，子臧推辞，说："前代《志》有记载，说：'圣人通达节度，次一等的谨守节度，下等之人失去节度。'成为国君不合我的节度。我虽然不能成圣，又怎么敢不谨守节度呢？"子臧于是逃离，去到宋国。

3.33

【原文】孟子曰："杨子取[1]为我，拔一毛而利天下，不为也。墨子[2]兼爱，摩顶放踵利天下，为之。子莫[3]执中，执中为近之。执中无权，犹执一也。所恶执一者，为其贼道也，举一而废百也。"[4]

【注释】①杨子：杨朱。取：仅仅满足。②墨子：墨翟。摩顶放踵：磨秃头顶，走破脚跟，意为极端劳苦。③子莫：战国时期鲁国贤人。④录自《孟子·尽心章句上》。

【译文】孟子说："杨朱仅仅为满足自己，拔一根汗毛而有利于天下，都不肯干；墨翟兼爱世人，磨秃头顶、走破脚跟而有利于天下，都肯干；子莫执持中道，执持中道就差不多了。执持中道而无权变，也还是拘泥固执于一端。之所以厌恶拘泥固执于一端，这是因为它损害道，举持一端而废弃百变。"

3.34

【原文】以义变应，知当曲直故也。《诗》曰：'左之左之，君子宜之；右之右之，君子有之。'此言君子能以义屈信[1]变应故也。[2]

【注释】①信（shēn）：通"伸"。②录自《荀子·不苟篇第三》。

【译文】以正义、合宜变化应对，这是知道应当能屈能伸的缘故。《诗经》说："向左向左，君子合宜；向右向右，君子亦可。"这是说君子以正义合宜、能屈能伸而变化应对的道理。

3.35

【原文】佚而不惰，劳而不僈[1]，宗原应变，曲得其宜。如是，然后圣人也。[2]

【注释】①僈：懈怠。②录自《荀子·非十二子篇第六》。

【译文】安逸而不怠惰，辛劳而不懒散，本道应变，多方合宜。像这样，就可以成圣人了。

3.36

【原文】故道岂不行矣哉？文王载百里地而天下一。桀、纣舍之，厚于有天下之势而不得以匹夫老。故善用之，则百里之国足以独立矣；不善用之，则楚六千里而为雠[1]人役。故人主不务得道而广有其势，是其所以危也。[2]

【注释】①雠：同“仇”。②录自《荀子·仲尼篇第七》。

【译文】道怎么能不推行呢？周文王据百里之地而统一天下。桀、纣舍弃道，占有天下权势而不得善终。所以，善用道，则百里之地足以独立；不善用道，则楚国广有六千里地而为仇敌役使。因此，人主不致力于得道而广有权势，这是他所以危亡的原因。

3.37

【原文】万物为道一偏，一物为万物一偏。愚者为一物一偏，而自以为知道，无知也。[1]

【注释】①录自《荀子·天论篇第十七》。

【译文】万物为道的一方面，一物为万物的一个。愚昧的人只知一物的一方面，就自以为知道道了，其实并没有知道道。

3.38

【原文】夫道者，体常而尽变，一隅不足以举之。曲知之人，观于道之一隅而未之能识也，故以为足而饰之。内以自乱，外以惑人。上以蔽下，下以蔽止，此蔽塞之祸也。[1]

【注释】①《荀子·解蔽篇第二十一》。

【译文】道虽然本身是不变的，但却能穷尽一切变化，所以用它的一方面不足以概括它的整体。一知半解的人只看到道的一方面而未能完全认识它，于是就把他看到的那个方面当作完整的道来卖弄，所以既扰乱了自己，又迷惑了他人。信从了他的说法的人若居上位，就会用它欺骗下属，若居下位，就会用它蒙蔽上级。这就是蒙蔽的祸害。

四、知行合一第四

4.1

【原文】礼，时为大，顺次之，体次之，宜次之，称次之。尧授舜，舜授禹，汤放桀，武王伐纣，时也。[①]

【注释】①录自《礼记·礼器》。

【译文】礼，时宜为大，顺应人伦关系为次，规矩制式为次，行为相宜为次，配合相称为次。尧禅让舜，舜禅让禹，汤流放桀，武王讨伐纣，都合时宜。

4.2

【原文】《彖》曰：天地以顺动，故日月不过而四时不忒；圣人以顺动，则刑罚清而民服。豫之时义大矣哉[①]？[②]

【注释】①时：是，这。②录自《周易·豫·彖传》。

【译文】《彖传》说：天地顺应物性而动，故日月运行无过失而四季变化无差错；圣人顺应人性而动，则赏罚分明而百姓信服。豫卦顺性而动的意义大得很啊！

4.3

【原文】（仲虺）曰："呜呼！惟天生民有欲，无主乃乱，惟天生聪明时乂[①]。有夏昏德，民坠涂炭[②]。天乃锡王勇智[③]，表正万邦[④]，缵禹旧服[⑤]，兹率厥典[⑥]，奉若天命。"[⑦]

【注释】①乂：治理。②涂炭：泥淖，炭火。③锡：同赐。王：指商汤。④表：表率。⑤缵：继承。服：事。⑥典：常法。⑦录自《尚书·商书·仲虺之诰》。

【译文】仲虺说："啊！欲望是人们与生俱来的，若无君主治理就会陷于混乱，上天为此降生聪明贤能的人治世。夏桀弃德无道，民生凋敝，生灵涂炭。上天于是赐予汤王勇敢和智慧，仪表天下，继承大禹的圣业，遵循大禹的常法，顺从上天的使命。"

4.4

【原文】孟子曰："桀纣之失天下也，失其民也。失其民者，失其心也。得天下有道：得其民，斯得天下矣。得其民有道：得其心，斯得民矣。得其心有道：所欲与之聚之，所恶勿施尔[①]也。民之归仁也，犹水之就下、兽之走旷也。故为渊驱鱼者獭也，为丛驱爵者也，为汤、武驱民者桀与纣也。"[②]

【注释】①尔：通"迩"，近。②录自《孟子·离娄章句上》。

【译文】孟子说："夏桀、商纣之所以失去天下，是因为失去了人民。失去人民，是因为失去了民心。取得天下有道：获得民众拥护，就能得到天下。获得民众拥护有道：得到民心，就能得到人民。得到民心有道：民众希望得到的就帮助他们得到，民众厌恶的就不要施与他们。民众归于仁德，就象水往低处流、兽向旷野走一样。所以，为深渊驱来鱼的，是水獭；为树林赶来鸟的，是猛鹰；替商汤、周武王收服人民的，是夏桀与商纣。”

4.5

【原文】 天地之大德曰生，圣人之大宝曰位，何以守位曰仁，何以聚人曰财，理财、正辞、禁民为非曰义。①

【注释】 ①录自《周易系辞下》。

【译文】 天地的伟德是创生，圣人的大宝是权位，如何守信权位呢？只有行仁政。如何聚合众人呢？要用财物。善理财物、端正言辞、禁止百姓为非作歹就是合义。

4.6

【原文】 子适卫，冉有仆①。子曰：“庶②矣哉！”冉有曰：“既庶矣，又何加焉？”曰：“富之。”曰：“既富矣，又何加焉？”曰：“教之。”③

【注释】 ①仆：驾车。②庶：众多。③录自《论语·子路第十三》。

【译文】 孔子到卫国去，冉有驾车。孔子说：“人真多啊！”冉有说：‘人口已经很多了，又该怎么办呢？”孔子说：“使他们富裕起来。”冉有说：“已经富裕了，又怎么办呢？”孔子说：“教育他们。”

4.7

【原文】 晋侯①始入而教其民。二年，欲用之。子犯②曰：

"民未知义，未安其居。"于是乎出定襄王，入务利民，民怀生矣。将用之，子犯曰："民未知信，未宣[3]其用。"于是乎伐原以示之信。民易资者，不求丰焉，[4]明徵[5]其辞。公曰："可矣乎?"子犯曰："民未知礼，未生其共[6]。"于是乎大蒐[7]以示之礼，作执秩[8]以正其官。民听不惑，而后用之。出穀戍，释宋围，一战而霸，文之教也。[9]

【注释】①晋侯：春秋时期晋文公重耳，曾流亡国外十九年。②子犯：晋文公舅父。③宣：明白。④易资：交易，买卖。丰：暴利。⑤徵：同"征"，收取。⑥共：同恭。⑦蒐：阅兵。⑧执秩：治理官府的法令，一说掌管爵禄的官员。⑨录自《左传·僖公二十七年》。

【译文】晋文公刚一回国，就开始教化百姓。过了两年，就打算使用他们。子犯说："民众尚不知道道义，还没能各安其位。"晋文公于是出兵护送周襄王安定王位，回国努力为百姓谋利。百姓逐渐安于生计了。晋文公又打算使用他们。子犯说："民众尚不知道信用，也不明白信用的作用。"晋文公于是攻打原国以显示信用。晋国百姓买卖交易，不再谋取暴利，明码标价，讲求信用。晋文公说："可以使用了吧?"子犯说："民众尚不知道礼仪，未产生恭敬之心。"晋文公于是举行阅兵以展示礼仪，设立教令以匡正官吏。直到百姓懂得服从命令不再疑惑，然后才使用他们。于是，出兵驱逐穀城楚军，解救了宋国之围，一战而称霸于天下，这都是晋文公教化国民的结果。

4.8

【原文】子曰："道不同，不相为谋。"[1]

【注释】①录自《论语·卫灵公第十五》。

【译文】孔子说："道不相同，不在一起谋事。"

4.9

【原文】伊尹曰："天之生斯民也，使先知觉后知，使先觉觉后觉。予，天民之先觉者也，予将以此道觉斯民也，非予觉之而谁也？"[①]

【注释】①录自《孟子·万章章句上》。

【译文】伊尹说："天生亿兆百姓，使先知唤醒后知，使先觉唤醒后觉。我，是这些百姓中的先觉者，我将以尧舜大道唤醒后觉的人，不是我唤醒他们又有谁呢？"

4.10

【原文】学者有四失，教者必知之：人之学也，或失则多，或失则寡，或失则易，或失则止。此四者，心之莫同也。知其心，然后能救其失也。教也者，长善而救其失者也。[①]

【注释】①录自《礼记·学记》。

【译文】学习的人有四种过失，教人的人必须知道：一个人的学习，有的失在贪多，有的失在求少，有的失在图易，有的失在中止。这四种情况，每个人的想法不一样。知道他的想法，才能补救他的过失。教人的人，也就是发扬人善而补救过失的人。

4.11

【原文】孟子曰："博学而详说之，将以反说约也。"[①]

【注释】①录自《孟子·离娄章句下》。

【译文】孟子说："广博学习而详细解说，再返回到简易解说精义的地步。"

4.12

【原文】孟子曰："知者无不知也[1]，当务之为急。仁者无不爱也，急亲贤之为务。尧、舜之知而不遍物，急先务也。尧、舜之仁不遍爱人，急亲贤也。"[2]

【注释】①知：第一个知同"智"。②录自《孟子·尽心章句上》。

【译文】孟子说："智者本该无所不知，却只能先做当前主要事务。仁者本该无所不爱，却只能先爱亲人和贤者。尧、舜这样有大智慧的人尚且不能遍知万物，而只能急于首要事务。尧、舜的仁德尚且不能爱一切人，而只能先爱亲人和贤人。"

4.13

【原文】子张问孔子曰："何如斯可以从政矣？"子曰："尊五美，屏四恶，斯可以从政矣。"子张曰："何为五美？"子曰："君子惠而不费，劳而不怨，欲而不贪，泰而不骄，威而不猛。"子张曰："何谓惠而不费？"子曰："因民之所利而利之，斯不亦惠而不费乎？择可劳而劳之，又谁怨？欲仁而得仁，又焉贪？君子无众寡，无小大，无敢慢，斯不亦泰而不骄乎？君子正其衣冠，尊其瞻视，俨然人望而畏之，斯不亦威而不猛乎？"子张曰："何谓四恶？"子曰："不教而杀谓之虐；不戒视成谓之暴；慢令致期为之贼；犹之与人也，出纳之吝谓之有司[1]。"[2]

【注释】①有司：专管某项事务的官吏，此指财务小官。②录自《论语·尧曰第二十》。

【译文】子张问孔子："怎么做才可以从政呢？"孔子说："尊崇五美，摒弃四恶，这样就可以从政了。"子张说："什么是五美呢？"孔子说："君子给百姓实惠而自己不耗费，让百姓劳动而百姓不心生怨恨，有所欲望而不贪求，泰然而不骄矜，威严而不凶猛。"子张说："怎么理解给百姓实惠而自己不耗费呢？"孔子说："顺应百姓的利益而使他们做获利的事，这不就是施实惠而不耗费吗？选择合适的时间、事情让百姓劳作，又有谁怨恨呢？希望仁德而得仁德，又贪求什么呢？君子不分众寡，不论小大，都不敢怠慢，这不就是泰然而不骄矜吗？君子整齐衣冠，端正目光，严肃、威严的样子令人望而生畏，这不就是威严而不凶猛吗？"子张说："什么叫四恶？"孔子说："不教化而杀人叫作虐；不先告诫而要求成绩叫作暴；轻率下令而限期完成叫作贼；同样是给人赏赐，等到给与的时候吝惜不舍，叫作财务小官的小气作风。"

4.14

【原文】析薪如之何？匪斧不克。①

【注释】①录自《诗经·齐风·南山》。

【译文】要问砍柴怎么办？若无斧头就不行。

4.15

【原文】子曰："人一能之，己百之。人十能之，己千之。果能此道矣，虽愚必明，虽柔必强。"①

【注释】①录自《礼记·中庸》。

【译文】孔子说："别人一次能做到的，自己做百次。别人十次能做到的，自己做千次。如若真能这样，即使愚蠢也必然变聪明，即使柔弱也必然变坚强。"

4.16

【原文】说①曰："人求多闻，时惟建事。学于古训乃有获；事不师古，以克永世，匪说攸闻②。惟学逊③志，务时敏④，厥修乃来⑤。允怀于兹，道积于厥躬。惟敩⑥学半，念终始典⑦于学，厥德修罔觉。"⑧

【注释】①说（yùe）：傅说，殷商武丁帝的贤相。②攸：所。闻：知。③逊：谦虚。④敏：努力。⑤来：长进。⑥敩（xiào）：教。⑦典：从事。⑧录自《尚书·商书·说命下》。

【译文】傅说说："人们希望增长知识，这是为了建立事功。学习古训才能有所收获；建立事功不以古圣为师，想达到长治久安，这不是我傅说所听说的。学习要心志谦虚，务必时时努力，这样才能增长见识。真正记住这一点，对道的悟识才能积累在自己身上。只有在教人的同时善于学习，始终不忘努力向学，德行就会在不知不觉中增进。"

4.17

【原文】帝曰："来，禹！汝亦昌①言。"禹拜曰："都②！帝，予何言？予思日孜孜③。"皋陶曰："吁！如何？"禹曰："洪水滔天，浩浩怀山襄陵④，下民昏垫⑤。予乘四载⑥，随山刊木⑥，暨益奏庶鲜食⑦。予决九川距⑧四海，浚畎⑨浍距川。暨稷播，奏庶艰食⑩鲜食。懋迁有无⑪，化居⑫。烝民乃粒⑬，万邦作乂⑭。"皋陶曰："俞！师⑮汝昌言。"⑯

【注释】①昌：美。②都：叹词。③孜孜：勤勉，孜孜不息。④怀：抱。襄：上。⑤昏垫：沉没。⑥四载：车、船、橇、四种上古交通工具。⑦奏：进。鲜食：鸟兽。⑧距：至。⑨畎浍（quǎn kuài）：田间水沟。⑩艰食：百谷。⑪懋：通“贸”，调剂。⑫化居：迁移囤积的财物。⑬粒：同“立”，安定。⑭作：开始。乂：治理。⑮师：代词，此，这。⑯录自《尚书·虞书·益稷》。

【译文】舜帝说：“来吧，禹！你也来讲点高见吧。”禹拜谢道：“啊！舜帝，我讲什么呢？我只知道每天孜孜不怠罢了。”皋陶说：“咿！你是怎么做的呢？”禹说：“洪水滔天，浩浩荡荡淹上山陵，百姓沉没其中。我乘各种水陆工具，沿山砍木作路标，和伯益一起送鲜味鸟兽给百姓。我疏通九水直达大海，开挖沟渠直通河川，和后稷一起播种，把粮食、鲜味鸟兽送给百姓。又调剂有无余缺，迁移囤积的财物到稀缺之地。天下兆民安定下来，万国才开始得到治理。”皋陶叹道：“好啊！你说的这般话真是好。”

4. 18

【原文】子曰：“禹，吾无间[1]然矣。菲饮食，而致孝乎鬼神；恶衣服，而致美乎黻冕[2]；卑宫室，而尽力乎沟洫。禹，吾无间然矣！”[3]

【注释】①间：空隙。②黻冕（fú miǎn）：祭祀的衣帽。③录自《论语·泰伯第八》。

【译文】孔子说：“对于禹，我没有什么可说的了。他的饮食简单，祭祀鬼神却祭品丰盛；他的衣服简朴，祭祀衣帽却十分华美；他的宫室简陋，却尽力于田间沟渠。对于禹，我没有什么可说的了。”

4.19

【原文】子曰：“诵《诗》三百，授之以政，不达；使于四方，不能专对。虽多，亦奚以为？”[①]

【注释】①录自《论语·子路第十三》。

【译文】孔子说：“熟读《诗经》三百首，让他处理政务，却不会办事；让他出使于四方，却不能独立应对。那读这么多书，又是为了什么呢？”

4.20

【原文】孟子曰：“言近而指远者，善言也；守约[①]而施博者，善道也。君子之言也，不下带[②]而道存焉。君子之守，修其身而天下平。人病舍其田而芸人之田：所求于人者重，而所以自任者轻。”[③]

【注释】①守约：操守简要。②不下带：指眼前近事。③录自《孟子·尽心章句下》。

【译文】孟子说：“言辞浅近而意旨深远的，是善言；操守简要而效用广大的，是善道。君子的言辞，讲眼前近事而道存于其中；君子的操守，修养自己而推至天下太平。人的毛病，在于舍弃自己的田却去为别人的田除草：要求别人的很重，自己担负的却很轻。”

4.21

【原文】孟子曰：“仁之胜不仁也，犹水胜火。今之为仁者，犹以一杯水救一车薪之火也；不熄，则谓之水不胜火，此又与于不仁之甚者也，亦终必亡而已矣！"①

【注释】①录自《孟子·告子章句上》。

【译文】孟子说："仁胜过不仁，犹如水胜过火。如今行仁道的人，犹如以一杯水救一车木柴燃起的大火；火不熄灭，就说水不能胜过火，这样说助长了不仁至极的人，最终连这点仁都会消亡掉了！"

4.22

【原文】王若曰①："予若观火，予亦拙谋作，乃逸②。若网在纲，有条而不紊，若农服③田，力穑乃亦有秋。汝克黜④乃心，施实德于民，至于婚友，丕乃⑤敢大言汝有积德。乃不畏戎毒⑥于远迩，惰农自安，不昏⑦作劳，不服田亩，越其⑧罔有黍稷。"⑨

【注释】①此为商汤十世孙盘庚在位时，为免除水患、革除奢习而迁都殷（安阳）对大臣们的训诫辞。②逸：过错。③服：治，作。④黜：降低。⑤丕乃：于是。⑥毒：大害，指大水灾害。⑦昏：努力。⑧越其：于是就。⑨录自《尚书·商书·盘庚上》。

【译文】商王这样说："我像观火一样洞察时情，若不能同时善于谋划和行动，这就是我的过错了。如同网结纲上，有条理而不紊乱；如同农夫耕田，勤力劳作才有收获。你们要克制私心，把实实在在的好处施与人民，直至亲戚好友，这样才敢说自己有积德！如果你们不忧虑大灾于远近，而去效法惰农自求安逸，不努力劳动，不整治田土，就不会有任何收获。"

4.23

【原文】《易》之兴也，其当殷之末世、周之盛德邪？当文王与纣之事邪？是故其辞危。危者使平，易者使倾；其道甚大，百物不废。慎以终始，其要无咎，此之谓《易》之道也。[①]

【注释】①录自《周易·系辞下》。

【译文】《周易》的兴起，大概处在殷商末世、周文王盛德的时代吧？大概处在周文王臣事商纣的年月吧？因此它的言辞多有警惧之义。警惧得以安平，轻慢导致倾覆；它的道理大得很啊，百物循它就不会废弃。自始至终保持警惧，主旨就在于避免祸患，这也可以说是《周易》之道吧。

4.24

【原文】五月庚申，郑伯侵陈，大获。

往岁，郑伯请成[①]于陈，陈侯不许。五父[②]谏曰："亲仁善邻，国之宝也。君其许郑！"陈侯曰："宋、卫实难，郑何能为？"遂不许。

君子曰："善不可失，恶不可长，其陈桓公之谓乎！长恶不悛[③]，从自及也。虽欲救之，其将能乎？《商书》曰：'恶之易[④]也，如火之燎于原，不可乡迩[⑤]，其犹可扑灭？'周任[⑥]有言曰：'为国家者，见恶如农夫之务去草焉，芟夷蕴崇之[⑦]，绝其本根，勿使能殖，则善者信矣[⑧]。'"[⑨]

【注释】①成：媾和。②五父：陈国执政大夫。③悛：悔改。④易：蔓延。⑤乡：通向，面对。迩（ěr）：近。⑤周任：周代著名史官。⑦芟夷：铲平。蕴崇：堆积。⑧信：通伸，伸展。⑨录自《左传·隐公六年》。

【译文】（隐公六年）五月庚申日，郑伯入侵陈国，俘获很多人和财物。

往年，郑伯请求与陈国媾和修好，陈侯不答应。陈国五父大夫劝谏说："亲近仁人，与邻为善，是国家的珍宝。国君还是答应郑国吧！"陈桓公说："宋、卫两国才是真正的祸患，郑国能干什么呢？"于是没有答应郑伯。

君子说："善良不可失去，邪恶不可滋长，这说的是陈桓公吧！邪恶滋长而不悔改，灾祸就会随之而来。这时就算想挽救，还做得到吗？《商书》说：'邪恶的蔓延，犹如大火燃烧于原野，不可以接近，难道还能扑灭？'周任有句话这样说：'治国治家的人，看到邪恶，就要像农夫急于除去杂草一样，将其铲平堆积起来，断绝杂草的本根，不让它再生长，那么善良就能够发展了。'"

4.25

【原文】（仲虺[1]）曰："佑贤辅德，显忠遂良，兼弱攻昧，取乱侮亡。推亡固存，邦乃其昌。"[2]

【注释】①仲虺（huǐ）：商汤左相，因商汤流放夏桀有惭愧之意，仲虺乃作诰申明天道大义。②录自《尚书·商书·仲虺之诰》。

【译文】仲虺说："佑助贤德的，显扬忠良的，兼并衰弱的，讨伐昏暗的，夺取荒乱的，轻慢灭亡的。推翻行亡道之国，巩固行存道之邦，邦国才能昌盛。"

4.26

【原文】王曰："凡我有官君子，钦乃攸司[1]，慎乃出令。令出惟行，弗惟反。以公灭私，民其允怀。学古入官，议事以制，政乃不迷。其尔典常作之师，无以利口乱厥官。"[2]

【注释】①钦：恭谨。司：职事。②录自《尚书·周书·周官》。

【译文】周成王说："凡是有职务的官员，必须恭谨敬职，审慎发出政令。政令一出就要执行，不得违反。能够以公心灭私欲，人民就会真诚归附。学习古训做官，依照法制治政，政事就不会迷乱。你们必须以常道常法作为行为准则，不能凭巧言利舌扰乱官政。"

4.27

【原文】公曰："敢问君子何贵乎天道也？"孔子对曰："贵其不已。如日月东西相从而不已也，是天道也。不闭[1]其久，是天道也。无为而物成，是天道也。已成而明[2]，是天道也。"[3]

【注释】①闭：阻塞。②明：显著。③录自《礼记·哀公问》。

【译文】鲁哀公问道："请问君子为什么看重天道呢？"孔子回答说："看重它的永不停息。如日月从东到西相随运行而永不停息，这是天道。运行不阻塞而长久，这是天道。无所作为而万物生成，这是天道。既已生成而功绩显著，这是天道。"

4.28

【原文】形而上者谓之道，形而下者谓之器[①]，化而裁之谓之变，推而行之谓之通，举而错之天下之民谓之事业。[②]

【注释】①形：事物的形体。道：超越事物形体的本质。器：体现事物形体的物象。②录自《周易·系辞上》。

【译文】居于形体之上的叫作道，居于形体之下的叫作器，道器交互作用而裁节叫作变，推广而旁行叫作通，交给天下百姓使用叫作事业。

4.29

【原文】夫能固位者，必度于本末而后立衷焉[①]。不知其本，不谋；知本之不枝，不强。《诗》云："本枝百世。"[②]

【注释】①衷（zhōng）：适当。②引自《左传·庄公六年》。

【译文】凡能巩固地位的人，一定要审度根本和枝叶才能举措得当。不知根本，不宜谋划；知根本却不生枝叶，不能强盛。《诗经》说："根本稳固而枝叶茂盛，才能百世不衰。"

4.30

【原文】子贡问为仁，子曰："工欲善其事，必先利其器。居是邦也，事其大夫之贤者，友其士之仁者。"[①]

【注释】①录自《论语·卫灵公第十五》

【译文】子贡问怎样行仁，孔子说："工匠要做好他的工作，一定要先备好他的工具。住在一个国家，要侍奉这个国家大夫中的贤者，与士人中的仁者交朋友。"

4.31

【原文】国有六职，百工与居一焉。

或坐而论道；或作而行之；或审曲面势，以饬[①]五材[②]，以辨民器；或通四方之珍异以资之；或饬力以长地财；或治丝麻以成之。坐而论道，谓之王公；作而行之，谓之士大夫；审曲面势，以饬五材，以辨民器，谓之百工；通四方之珍异以资之，谓之商旅；饬力[③]以长地财，谓之农夫；治丝麻以成之，谓之妇功。[④]

【注释】①饬（chì）：整治。②五材：金、木、皮、玉、土（陶）。③饬力：勉力，尽力。④录自《周礼·冬官考工记第六》。

【译文】国家有六类职业，百工是其中一种。

有的坐而论道；有的起而执行；有的审视曲直性状，以便整治金、木、皮、玉、土五种材料，制成器具；有的使四方的珍奇异物流通以供人们购买；有的勉力农耕以生产庄稼；有的纺丝治麻以制成衣物。坐而论道的，称之为王公；起而执行的，称之为士大夫；审视曲直性状，以便整治金、木、皮、玉、土五种材料，制成器具的，称之为百工；流通四方的珍奇异物供人们购买的，称为商旅；勉力农耕以生长庄稼的，称为农夫；纺丝治麻以制成衣物的，称之为妇功。

4.32

【原文】知者创物，巧者述之，守之世，谓之工。百工之事，皆圣人之作也。铄金以为刃，凝土以为器，作车以行陆，作舟以行水，此皆圣人之所作也。

天有时，地有气，材有美，工有巧。合此四者，可以为良。[1]

【注释】①录自《周礼·冬官考工记第六》。

【译文】智者创制器物，巧者继承下来，世代相传，称之为工。百工的技艺都是圣人开创的。熔化金属制成兵器，凝结土壤制成器皿，制造车辆行于陆地，制造舟船行于水上，这些都是圣人所创造的。

顺应天时，适应地气，材料优质，工艺精巧。结合这四者，就可以制成优异的器物。

4.33

【原文】凡攻木之工七，攻金之工六，攻皮之工五，设色之工五，刮摩之工五，抟埴[1]之工二[2]。

【注释】①抟埴（zhí）：拍揉黏土。②录自《周礼·冬官考工记第六》。

【译文】总计，治木的工匠七类，治金的工匠六类，治皮的工匠五类，染色的工匠五类，刮摩的工匠五类，制陶的工匠两类。

4.34

【原文】人之生，固小人，无师无法则唯利之见耳。人之生，固小人，又以遇乱世，得乱俗，是以小重小也，以乱得乱也。君子非得势以临之，则无由得开内也。[1]

【注释】①录自《荀子·荣辱篇》。

【译文】人天生就是小人，假如没有老师教导和法律规制就只会看到利益了。人天生就是小人，假如又遭遇乱世，习染乱俗，就会以小重小，以乱重乱了。君子如果不能成势凌驾，也就没有办法打开人们的心扉而向他们灌输好思想。

4.35

【原文】圣也者，尽伦者也；王也者，尽制者也。两尽者，足以为天下极[①]矣。故学者以圣王为师，案[②]以圣王之制为法。[③]

【注释】①极：最高准则。②案：依据。③录自《荀子·解蔽篇第二十一》。

【译文】圣人，是穷尽人伦的人；王者，是穷尽制度的人。两全齐美，就足以为天下的最高准则了。所以，学者以圣王为师，依据圣王的制度为法则。

五、治乱合一第五

5.1

【原文】孟子曰："天下之生久矣，一治一乱。"[①]

【注释】①录自《孟子·滕文公章句下》。

【译文】孟子说："人类社会已经产生很久了，一时太平，一时动乱。"

5.2

【原文】人生而静，天之性也。感于物而动，性之欲也。物至知知[①]，然后好恶形焉。好恶无节于内，知诱于外，不能反躬，天理灭矣。夫物之感人无穷，而人之好恶无节，则是物至而人化物也[②]。人化物也者，灭天理而穷人欲也。于是有悖逆诈伪之心，有淫佚作乱之事，是故强者胁弱，众者暴寡，知者诈愚，勇者苦怯，疾病不养，老幼孤独不得其所。此大乱之道也。

【注释】①知知：心智感觉。②人化物：人为外物所异化。③录自《礼记·乐记》。

【译文】人生来是没有欲望的，这是上天赋予的本性，但后来接触物质而蠢蠢欲动，这是人性欲望的推动。外物刺激人的心智产生感觉，于是形成好恶的情感。好恶的情感在内心没有节制，心智不断受到外物的诱惑，人又不能反过来要求自己，天理就灭绝了。外物对人的刺激永无穷尽，而人的好恶又毫无节制，则外物一刺激人就为外物所同化。人为外物所同化，也就灭绝天理而穷尽人欲了。于是，人就会产生背叛、逆忤、欺诈、虚伪之心，做出纵欲、放荡、为恶、凶乱之事。正因为这样，强的胁迫弱的，势众的暴虐势单的，智慧的欺诈愚笨的，勇猛的虐待怯弱的，患疾病的人得不到照料，老幼孤寡的人得不到居所。这是大乱之道啊！

5.3

【原文】孔子曰："大道之行也，天下为公，选贤与能，讲信修睦。故人不独亲其亲，不独子其子，使老有所终，壮有所用，幼有所长，矜寡孤独废疾者皆有所养。男有分[①]，女有归[②]。货恶其弃于地也，不必藏于己；力恶其不出于身也，不必为己。是故谋[③]闭而不兴，盗窃乱贼而不做，故外户而不闭。是谓大同。"[④]

【注释】①分（fèn）：职分。②归：女子出嫁。③谋：相互谋算。④录自《礼记·礼运》。

【译文】孔子说："大道推行的时代，天下为天下之人共有，选贤士举能人，讲信用，尚和睦。所以，人们不只亲他的亲人，不独把自己的孩子当孩子，使年老的人能得到归依，壮年的人能贡献才力，幼年的人能健康成长，鳏夫、寡妇、孤儿、独老和残疾人都能得到供养。男子各有职分，女子皆有家庭。(人们)憎恶财货被抛弃在地上的现象(而要去收藏它)，却不是为了独自享用；憎恶那种在共同劳动中不肯尽力的行为，但总要不为私利而劳动。这样，相互谋算的事情被杜绝而不再出现，盗窃抢劫的举动无人再去做，于是人们外出也不用关上门了。这就叫作'大同'。"

5.4

【原文】孔子曰："今大道既隐，天下为家。各亲其亲，各子其子，货、力为己。大人世及以为礼，城廓沟池以为固，礼义以为纪，以正君臣，以笃父子，以睦兄弟，以和夫妇，以设制度，以立田里，以贤勇知，以功为己。故谋用是作，而兵由此起。禹、汤、文、武、成王、周公，由此其选也。此六君子者，未有不谨于礼者也，以著其义，以考其信，著有过，刑仁讲让，示民有常。如有不由此者，在势者去，众以为殃，是谓小康。"①

【注释】①录自《礼记·礼运》。

【译文】孔子说："如今大道已经消逝，天下成为一家私有。人们各亲自己的亲人，各以自己的子女为子女，财物和劳力都为私人所有。天子、诸侯们的权力变成了世袭的，并成为礼制。内城、外城、壕沟、水池作为坚固防卫，礼义作为纲纪，以使君臣关系端正，父子关系淳厚，兄弟关系友好，夫妇关系和睦，又设立制度，划分田地和住宅，崇尚勇力、智慧，为自己建功立业。所以，权谋因而施用，兵战由此兴起。大禹、商汤、文王、武王、成王、周公因此成为杰出人物。这六位杰出人物，没有哪个不恭谨行礼，他们表彰合理行为，考察行为信用，揭露过失错误，倡导仁德而讲求谦让，向天下百姓显示世有常则。如果有人不这样做，居权势尊位的即被罢免，众人都以他为祸害。这就叫作‘小康’。”

5.5

【原文】孟子曰：“天下有道，小德役大德，小贤役大贤；天下无道，小役大，弱役强。斯二者，天也。顺天则存，逆天则亡。”①

【注释】①录自《孟子·离娄章句上》。

【译文】孟子说：“天下有道，德行低的服从德行高的，小贤才服从大贤才；天下无道，力量小的被力量大的役使，弱的被强的役使。这两种情况，都是天意。顺应天意则能生存，违背天意必然灭亡。”

5.6

【原文】道存则国存，道亡则国亡。①

【注释】①录自《荀子·君道篇第十二》。

【译文】道存在则国家存在，道消亡则国家消亡。

六、殊途合一第六

6.1

【原文】《象》曰：天地睽[1]而其事同也，男女睽而其志通也，万物睽而其事类也。睽之时用大矣哉！

《象》曰：上火下泽，睽；君子以同而异。[2]

【注释】①睽：差异。②录自《周易·睽》。

【译文】《象传》说：天地上下差异，而化育万物的事功相同；男女阴阳差异，而交感求合的心志相通；万物形态差异，而生成益世的事功相似。差异的这种功效真是大得很啊！

《象传》说：火为上而水润下，象征差异；君子因此求同而存异。

6.2

【原文】子曰："天下何思何虑？天下同归而殊途，一致而百虑。天下何思何虑？"[1]

【注释】①录自《周易·系辞下》。

【译文】孔子说："天下之事何必思量又何必忧虑？天下万物归向同一而道路不同，人间世事归本于道而谋虑百种。天下之事何必思量又何必忧虑！"

6.3

【原文】万物并育而不相害，道并行而不相悖。小德川流，大德教化。此天地之所以为大也。[1]

【注释】①录自《礼记·中庸》。

【译文】万物共同生长而不相互妨害，天地之道并行而不相互违背。小德如江河水流，大德可以教化天下。这就是天地之所以伟大的原因了。

6.4

【原文】孟子曰："孔子登东山而小鲁，登泰山而小天下。故观于海者难为水，游于圣人之门难为言。观水有术，必观其澜。日月有明，容光①必照焉；流水之为物也，不盈科②不行。君子之志于道也，不成章③不达。"④

【注释】①容光：缝隙。②盈科：注满低洼之处。③成章：达到一定地步。④录自《孟子·尽心章句上》。

【译文】孟子说："孔子登上东山就觉得鲁国小了，登上泰山就觉得天下小了。所以，观看过大海的人难对一般流水感兴趣，曾在圣人门下学习过的人也很难对其他议论感兴趣。观看水有方法，一定要观看它的波澜。太阳、月亮有光明，小小缝隙一定照到；流水在河道流淌，不注满低洼之处就不能前行；君子立志于道，不达到相当的地步就不能通达。"

第三章　道的新解

道，是中华圣哲一脉传承并由孔子集大成的关于天地、万物、人世、人生的信仰体系、基本规律、根本原理、普遍共性和变化奥秘。经历代圣哲的传承和儒家经典的记载，道的根本已经种植，道的源泉已经浚通。道主要包括六大基本精义：天人合一，则德合一，常变合一，知行合一，治乱合一，殊途合一。这六大基本精义相辅相成为儒家的大道真理。

从道的地位来看，道是儒家思想、儒家学说、儒家文化的最高真理、思想基础和最佳智慧，犹如龙头上的眼睛、皇冠上的珍珠。离弃了道，也就斩断了儒家思想的根本，阻塞了儒家思想的源泉。学习中国文化，必学儒家；学习儒家，必须学道。

从道的传承来看，道统是中华古圣先哲伏羲、炎帝、黄帝、唐尧、虞舜、夏禹、商汤、周文王、周武王、周公、孔子以及孟子、荀子等一脉相承、历代创立并由孔子集大成而形成的传承系统。

从道的文字载体来看，道记载于儒家经典《周易》、《诗经》、《尚书》、《周礼》、《仪礼》、《礼记》、《春秋左传》、《春秋公羊传》、《春秋穀梁传》、《论语》、《孝经》、《尔雅》、《孟子》以及《荀子》之中。

在初步了解了道的概念、道的地位、道的历代传承和道的经典记载之后，我们就将学习道的基本精义，从而比较系统、完整地把握儒家之道，真正认识儒家思想、儒家学说、儒家文化的精华要义和根本源泉。

第一节　天人合一的信仰支柱

皇天主宰，人性为本，天理下贯人性，人性上达天理，天理与人性是贯通合一的。

一、皇天主宰

中华圣人所称的天，尊称皇天上帝，主要是指作为主宰的天，也就是世界的终极规律、绝对真理、普遍共性和变化奥秘的神化表述。当我们说天是主宰即皇天上帝主宰的时候，也就是说世界的终极规律、绝对真理、普遍共性和变化奥秘在主宰世界的一切——天地、万物、人世、人生，等等的运行。

天，也指自然界的天，当我们说天人合一的时候，也是指自然和人的和谐统一。

（一）中华古圣先民对天的信仰

中华民族是一个注重实用价值的民族，但并不是一个没有精神信仰的民族。早在远古年代，中华古圣先民就开始祭拜皇天上帝、万物神灵、圣贤英灵、祖先亡灵，并且已经仪式化、制度化、日常化和民众化了。其中，皇天上帝是至上神灵，最高主宰，而万物神灵、圣贤英灵、祖先亡灵则是从属的、次一等的。因此，远古的祭天大典，一般都是由天子亲率三公、九卿、诸侯、大夫参加祭祀，按照严格的祭祀礼仪展开，以示至尊。

伏羲氏探寻神明之德和万物变化的情态。

炎帝神农氏腊祭祭祀天地。

黄帝轩辕氏一统古国，登山筑坛辟地祭祀天地神灵。

唐尧顺天创农历。

虞舜应天意继位，祭告上天，以及四方神灵。

夏禹虔诚祭祀天地、鬼神。

商汤敬畏上帝，顺天伐夏桀，敬祀上天。

周文王小心翼翼，敬畏上帝。

周武王谴责商纣不敬上天，遵行上帝意旨讨伐商纣，灭商后率领天下诸侯祭祀上帝，祈告天地神祇。

周公不仅祭拜皇天上帝，还告诫周成王要早晚勤于祭祀、祈祷。

孔子一生畏天命，盛赞祭天祭神的祭祀，称颂侍奉上天。

春秋时期的齐国贤相管仲就说过，古代祭祀天地的帝王七十二家，自己看到记载的十二个。

儒家礼经——《周礼》就记载了天子主持祭祀大典和天官冢宰、地官司徒、春官宗伯、夏官司马、秋官司寇的祭祀职责，以及专司祭祀礼仪的大宗伯的职责、祭礼、官府编制和职能分管。

可见，中华民族早有信仰，中华民族的杰出代表——古圣先哲祭拜皇天上帝，这已成治国大事并形成制度，是一个优秀、珍贵的传统。

夏朝末期，夏桀以武力伤害百姓，荒淫暴虐，而诸侯昆吾氏作乱天下，于是商汤起兵率领诸侯大军，伊尹跟从辅佐，讨伐昆吾氏，接着又讨伐夏桀，商汤向众人宣告："并非我敢行乱举，实在是夏桀太多罪孽，天命当诛之。今天你们众人，也许有人会说：'我的君主不体恤我们，让我们放下农事，而去讨伐夏王。'我知道你们或许会发此言。只是夏桀罪大，我敬畏上帝，不敢不受天命去讨伐恶贼。"这里，商汤视皇天、上帝为最高主宰，天命为最高命令，自己不敢不接受天命讨伐罪大恶极的夏桀。

据载，商汤的后裔武乙无道，制作了土木偶人，称之为天神，与它下棋，令人为它行棋。天神不能赢棋，武乙就谩骂侮辱它。又用皮革制成皮囊，盛满血，仰而射它，称之为"射天"。武乙在黄河、渭水之间打猎，天降暴雷，震击武乙而死。此例被作为辱天天罚之的典型警示后人。

（二）皇天上帝是最高主宰

中华远古圣哲观察思考天地、万物、人世、人生的诸多变化，以溯本求源的超凡智慧悟识到世界万端变化中隐藏着一种神秘的主宰力量，正是这种神秘的主宰力量在冥冥之中主宰着世界的一切。古圣先民对这种神秘的主宰充满了敬畏之情，并称之为天或上帝。当我们说皇天上帝是最高主宰的时候，就是说终极规律、绝对真理、普遍共性和变化奥秘在主宰世界的一切。离开规律、真理、共性和变化，我们就脱离了世界运行的正常轨道。

1. 天始创万物

天是万物创生的本源，天始创万物，地顺承天意、天旨滋育万物。天的始创和地的顺承，使万物得以创生和滋长。

> 《彖传》曰：大哉乾元！万物资始，乃统天。云行雨施，品物流形。大明终始，六位时成，时乘六龙以御天。乾道变化，各正性命，保合太和，乃利贞。首出庶物，万国咸宁。
>
> ——《周易·乾·彖传》

> 《彖传》曰：至哉坤元！万物资生，乃顺承天。坤厚载物，德合无疆；含弘光大，品物咸亨。
>
> ——《周易·坤·彖传》

> 为天下主者，天也。
>
> ——《春秋穀梁传·宣公十五年》

2. 天监察世人

人类诞生之后，皇天、上帝监察人世，注视我们的言行，无论群居或独处，上天无时无刻不在我们身旁，监察我们的一切，审视我们的善恶。明白人应识此理，知敬知畏。

3. 天纲纪人世

上天监察人世的善恶，施福于良善，降灾于邪恶，纲纪着世界的运行。只是，上天纲纪人世并非直线因果关系那么简单。上天施福良善与降灾邪恶的时间、方式，是人类猜不透的上天奥秘。

4．天拯救人世

上天不会听任人世的邪恶败坏，但慈爱为本的皇天上帝也不会轻易降罚，它总会假以时日让人悔改，反归正道。如果人类偏离天道，天会以各种人们难以预料的方式予以拯救，复归人世的良善、康健。

5．测不透的上天奥秘

皇天上帝是世界的最高主宰，但人类对上天的变化奥秘却是猜不透的。天道贵变，一切都在变化之中；新变接旧变，尽管我们夸口认识了旧变，对新变也未能尽识。上天具有变化奥秘的本性，人类的认知局限导致猜不透上天的变化奥秘……

（三）天的完全禀赋

天创生、（在大地的匹配下）滋养、监察、纲纪、拯救人世和变化难测的伟功奥秘，具有完美、完全的禀赋。

天，无始无终而无时不在；天，无大无小而无处不存；天，无声无息而无不覆盖；天，至慈至爱而至威至强：慈爱是上天的本性、上天的天德，而对一切背天逆天的邪恶却威严刚强、烈怒降罚；天，至聪至明而无所不能；天，至公至正而变化无穷；天，至简至易而奥秘莫测……

（四）敬畏天是人的本分

天，创育世界，创育人类，完美完全，我们对上天的创育伟功、完美完全充满崇敬。

天，公正明察，威严刚强，奥秘莫测，而人类则是存在缺憾的，认知也难免局限，我们畏惧自己会因违天逆天而遭受惩罚。

敬畏伟大而威严的皇天上帝，自是人之为人的本分。

孔子说："君子有三畏：畏天命，畏大人，畏圣人之言。小人不知天命而不畏也，狎大人，侮圣人之言。"(《论语·季氏第十六》)

孟子明言，天意不可违："顺天则存，逆天则亡。"(《孟子·离娄章句上》)

荀子声称："天行有常，不为尧存，不为桀亡。应之以治则吉，应之以乱则凶。"(《荀子·天论篇第十七》)

周公告诫殷商旧臣，周邦辅助天命，奉行上天的威怒，施行王者的惩罚，灭商兴周。

孔圣人知晓天命，敬畏天命，顺从天命，身处乱世而弘扬天道。

春秋时期，楚昭王依照礼仪恭敬祭祀上天，孔子对他敬畏上天的行为予以高度赞扬："楚昭王是懂得大道的人了！他不失去国家也是合理的。《夏书》说：'那位唐尧，遵循天道，据有中国，如今夏桀不行天道，混乱国家纲纪，乃被灭亡。'又说：'付出什么就能得到什么。'由自己因循天道常理，就可以了。"

圣人教诲，人生在世，不能不敬畏皇天上帝：敬天之伟，畏天之罚。在至全至能的伟大上天面前，我们充满敬畏之情。

二、人性为本

人性，是人的天赋本性，是人与生俱来的遗传属性，是人之为人的根本特性。

道，本于人性，本立而道生，以顺应人性之道教化世人，也就能够合符人性而为人所服，古代圣王就是这样治理天下的：

> 天命之谓性，率性之谓道，修道之谓教。道也者，不可须臾离也，可离非道也。
>
> ——《礼记·中庸》

（一）人性以利为本

人天生就存在利益需求，人的基本利益需求不能得到满足，人就难以存活于世，人也就不成其为人了。

孟子说人性本源是“以利为本”，荀子也道“趋利避害”是人天生就有的，这都是在讲人以利为本的道理。

> 仲虺曰：“惟天生民有欲。”
>
> ——《尚书·商书·仲虺之诰》

> 孔子曰：“饮食男女，人之大欲存焉。死亡贫苦，人之大恶存焉。故欲、恶者，心之大端也。”
>
> ——《礼记·礼运》

孟子曰："天下之言性也，则故而已矣。故者以利为本。所恶于智者，为其凿也。如智者若禹之行水也，则无恶于智矣。禹之行水也，行其所无事也。如智者亦行其所无事，则智亦大矣。天之高也，星辰之远也，苟求其故，千岁之日至可坐而致也。"

——《孟子·离娄章句下》

荀子曰："凡人有所一同：饥而欲食，寒而欲暖，劳而欲息，好利而恶害，是人所生而有也，是无待而然者也。是禹、桀之所同也。"

——《荀子·荣辱篇第四》

子产曰："求逞于人，不可。与人同欲，尽济。"

——《春秋左传·昭公四年》

仲虺、孔子、孟子、荀子、子产这些远古圣哲早已发现，人天生有欲望，人是以利为本的。无论是与人交往，抑或治理世事，我们都不能忘记人类以利为本的这一人性根本。

但是，我们务必明白，人的利益需求不是单一的，肉体需求、情感需求、社会需求、精神需求等多重需求共同构成了人性的基本利益需求，这才使人成为一个正常的人、健全的人、健康的人。

1. 肉体需求

肉体需求，是人性最基本的利益需求，因为人天生就具有血肉之体。肉体需求包括衣、食、住、行、用、性、健、逸等方面的需求。肉体欲望主要体现在物质需求上，是维持人类肉体生存的最基本需求。若这一基本需求不能得到满足，人就难以生存，或者难以正常生存。正是在这个意义上，孟子才说："若百姓无恒定财产，就不会有恒定之心。假如无恒定之心，就会放纵邪恶，无所不为。"（《孟子·梁惠王章句上》）

2. 情感需求

人是有情感的，纵是鸟兽动物，也知道爱自己的同类，何况是作为高级物种的人类呢？

幼童需要父母的疼爱，少年期望朋辈的友爱，成年人希求伴偶的抚爱，老年人渴望后辈的关爱，人际交往企盼对方的仁爱，这些贯穿了"爱"的疼爱、友爱、抚爱、关爱、仁爱，是人类基本的感情欲望和感情需求，是人之为人的基本感情特征。

人的情绪，即人的喜、怒、忧、思、悲、恐、惊等瞬时情感，这是人类的基本情感体现，也应得到正当的宣泄和合理的节制，否则难以避免长期压抑而致的病变或感情用事而致的病态。

在儒经《诗经》中，存在许多反映人类情感的诗篇，它们真实贴切，感人致深，感动着古今千千万万的男女。

3. 社会需求

人类来到这个世界上，是群居共处的，人敬重自己而推己及人，追求财富、地位、权力，自尊而希望受人尊重，期望得到更加好的教育以增进素质，希望能符合自己的兴趣行事等，这些都是人类群居共处的基本需求和基本欲望，理所当然，无可非议，它们仅仅是人性追求的自然体现而已，值得人们为此努力奋斗以期得到满足和实现。

敬己，自尊，富贵，教育，兴趣，等等，这些是人类群居共处的必要，是人生存于世的自信，是人发展于世的机会，都是不可或缺的。

4. 精神需求

人，是万物中有灵性的高级种类。这是上天创造人类就赋予的精神、灵魂本性，是人之为人而区别于万物禽兽的本质特征。周武王说，人乃“万物之灵”。

灵性的体现，精神的充实，灵魂的皈依，使人成为鲜活的生命，而不至沦为世间所言的“禽兽一般”、“行尸走肉”，等等。

我们务须知晓，灵性、精神、灵魂的欲望需求的满足和实现，是人生的安定剂，人生路的导向标，人站立的支撑石，人世间的黏合剂。和上天的变幻莫测一样，上天赋予人类的灵性、精神、灵魂，看它看不见，听它听不到，不知不觉之中却在左右着我们的行为。

对天生而赋有的灵性、精神、灵魂，我们是否加以培育，将引导自己或走向良善，或陷入邪恶；或取得成功，或遭到失败；或持久永恒，或昙花一现……

> 孟子曰：“苟得其养，无物不长；苟失其养，无物不消。孔子曰：‘操则存，舍则亡；出入无时，莫知其乡。’惟心之谓与！”
>
> ——《孟子·告子章句上》

5. 人性的四重需求

肉体需求、情感需求、社会需求、精神需求，是人性的基本利益、基本欲望、基本需求，肉体需求是最基本的物质需求，精神需求是最本质的灵性需求。四重需求相辅相成，才能成就健全的人性和健康的生命；四重欲望割裂、偏颇，就会导致失衡的人性和失调的生命：不能满足肉体需求，则人身不存；不能满足情感需求，则人情不在；不能满足社会需求，则人难立于世；不能满足精神需求，则灵魂无所倚。

我们追求人性的完整，可是世间的人能做到人性完整、生命健全吗？即便圣人君子也难以达到，更不用说忙于世事的一般人了，更不用说见利忘义的小人了。人，存在人性的缺憾，不可避免的缺憾。

（二）人性善恶兼俱

人性本善，环境致人滋长邪恶？人性本恶，人性善在后天人为？孟子言人性善，仁义礼智根植于人；荀子道人性恶，趋利避害人皆有之。何是何非？其实，孟子、荀子只是偏重人性之一端，并非尽论人性的完全。

见儒经大圣的教诲，可知人性乃是善恶交织，合善恶为一体，这才是完整的人性。人类天生具有血肉之躯，肉体欲望的满足使人类得以生存，因此，人类滋生趋利、贪婪、争夺、侵占、欺诈等恶性；天赋人类精神灵魂，灵性欲望的满足使人类得以成人，因此，人类产生利他、知足、和平、谦让、诚信等善性。可见，善恶俱存、善恶交织是人类的天生本性。

舜告诫禹而长传于世的“十六字心经”，就把人性善恶交织的道理说得十分清楚。

帝曰："人心惟危，道心惟微。惟精惟一，允执厥中。"

——《尚书·虞书·大禹谟》

对"十六字心经"，孔子深明其义，赞美舜为大智之人。

子曰："舜其大知也与？舜好问而好察迩言。隐恶而扬善，执其两端，用其中于民，其斯以为舜乎？"

——《礼记·中庸》

对人性，执善恶两端，用适中合宜的中和之道要求百姓，这就是舜的大智。

对人性善恶兼俱的道理，孔子还明言"安仁"之人，天下一人而已。

子曰："无欲而好仁者，无畏而恶不仁者，天下一人而已矣。……中心安仁者，天下一人而已。"

——《礼记·表记》

天下此一仁者是谁呢？孔子说不是自己，也没有指称是谁，因为徒怀仁德之人，世间难见。

子曰："若圣与仁，则吾岂敢？抑为之不厌，诲人不倦，则可谓云尔已矣。"

——《论语·述而第七》

春秋时期晋国善举荐人才的赵文子赞赏贤大夫随武子说："利于其君，不忘自己利益；谋求自己利益，不会遗忘朋友。"晋国人都说赵文子了解人。也可以说，赵文子评价随武子利人利己，利己利人，正是对人性善恶兼俱、允执厥中的恰当把握。

总而言之，天赋人性，以利为本，人性存在善恶两端，善恶一端不足于概括完整的人性，善恶两端兼俱才是人性的完全。由此，我们理应把持人性善恶两端，遏制邪恶，弘扬良善，对人提出适中合宜的要求。

（三）禁欲背逆人性

人性以利为本，人的欲望是以利为本的人性需求。禁欲，人无以存活，生命无以康健，社会无以发展。禁欲背逆人性。

禁绝肉体欲望的满足，人无以维持生命；

弃置情感欲望的满足，人陷于无尽的痛苦；

不讲社会欲望的满足，人难以在社会中安身立命；

无视精神欲望的满足，人不能安定、平和、充实而明智地生活。

历朝历代的小康世君王之所以得到人民拥戴，就是因为他们崇奉休养生息，使民众的利益需求得以满足。

历朝历代末世君王之所以被人民造反，就是因为他们自己肆意极欲，却剥夺民众的利益需求，损害了人民的正当利益。

好人之所恶，恶人之所好，是谓拂人之性，灾必逮乎身。

——《礼记·大学》

（四）纵欲必致祸乱

禁欲不合人性，纵欲也会招致严重的祸患。

1. 放纵肉体的物质欲望乃大乱之道

人天生有欲，生活在一定的环境中，受外界的影响，必然产生好恶的物质欲望。外物的引诱不断，自己又不能节制，发展下去就会为外物异化，从而灭天理而穷人欲。

人于是产生逆乱伪诈之心，滋长放纵作乱之事，从而导致强者胁迫弱者，势众者暴虐势孤者，智者欺诈愚者，勇者苦待懦者，患疾病的人不得供养，老幼孤独的人不得安居住所。这是大乱之道啊！

因此，古圣实施教化，制作礼法，从人心内部和社会外部节制人的欲望，从而杜绝大乱之源。

孔子的同时代人阳虎（称阳货）为鲁国权势大夫季孙氏的家臣，信奉“仁者不富、富者不仁”的乱世信条。他执掌季氏家族大权渐固，囚禁主人，驱逐有怨家臣，强逼季、孟大夫违礼行事，挟持鲁定公及季孙氏、孟孙氏、叔孙氏三家大夫盟誓。权势渐大，他串通三家不得信用的人，打算除去季孙氏、孟孙氏、叔孙氏，先杀掉季孙氏，以瓜分三家的财产。作乱失败后，他即反叛鲁国投靠齐国，请求率军攻伐鲁国，发誓：“三战，一定能占领鲁国！”齐景公打算同意，辅臣鲍文子这样分析阳虎：“此人亲近财富而不亲近仁人，国君怎么还能用他呢？齐君富于季氏而齐国大于鲁国，这就是阳虎所欲倾覆的了。鲁国去除了疾患，而国君又收留他，恐怕是祸害吧？”齐景公这才醒悟过来，抓捕阳虎，阳虎设计脱逃，逃到宋国，又逃到晋国，寄人篱下，投靠了晋国赵氏权臣门下，自此赵氏世世代代屡生祸患。放纵物质贪欲，唯利是图而无所不为的小人就是这样的：今日未发，时机未到；时机一到，祸害大了。

2. 纵情败身害业

人是有感情的，人是重情的，但重情不是纵情。为一己之情而无所不为，不合天道人理，必然因情生乱。

人是有情绪的，人的情绪应正当宣泄，但情绪不是情绪化。情绪化用事，不知不觉就会酿成己所难料的恶果。

夏、商、周三代帝王都是因纵欲纵情而失去了天下。夏桀宠爱妹喜；商纣唯妲己之言是从；周幽王为博宠后褒姒一笑，烽火戏诸侯。三代帝王都是由于纵欲纵情而陷于荒怠政事、敛财害民、诛杀忠良的绝境。于情，可不慎乎？

3. 放纵社会欲望终会害人害己害社会

自尊不是唯我独尊，自我不是唯我独大，追求财富、地位、权力不是为所欲为。唯我独尊、唯我独大、为所欲为必然置他人的尊严、价值、利益于不顾，必然践踏人世的一切规则与公德，这种欲望的放纵、膨胀也会害人害社会终至害己。

4. 精神欲望的放纵致人失去正确方向

精神欲望是人的至上欲望，使人从动物升华为鲜活的生命，但是也不能放纵无度。只讲灵性欲望而舍弃其他欲望，人就不成其为人而变成神或幽灵了。我们是神吗？我们是幽灵吗？只讲真理独占而否定他教他派，也不符合上天无不覆盖、大地无不承载的天地大德了。逆天悖地，明智的人不会如此，这也是导致孤独、矛盾、冲突的危途。

（五）欲望中道：追求而节制

“上帝引逸。”

——《尚书·周书·多士》

周公所说的，上帝节制人欲的放纵，讲的就是上帝必然节制人的肉体欲望、情感欲望、社会欲望、精神欲望的无度放纵的道理。

人性以利为本：禁欲不合人性，人本会追求欲望；纵欲招致祸乱，人理应节制欲望。欲望中道是：追求而节制。

1. 不求得不到

人的肉体欲望、情感欲望、社会欲望、精神欲望的满足，需要人的追求才能实现。人欲靠人追求，天工靠人代行，这是人世公理。我们首先要记住：不求得不到。

2. 妄求也得不到

人的利益追求，不仅有量的尺度，更有质的界限。唯我独大，霸占一切，排除他人的追求机会，这就跨过量的尺度了；为求利益，无所不为，践踏人世公则与人世公德，这就超越质的界限了。无论量的独大，抑或质的无度，都不符合天理人情，也理应是致败之途。

妄求获利，并不少见。可是，过得了今天，过得了明天吗？过得了己生，保得了后嗣吗？过得了在世，讲得到永恒吗？“人在干，天在看。”人的一切作为，无论是善是恶，都会受到皇天上帝的公正报应。因此，我们还要记住：妄求也得不到。

春秋时期卫庄公十分宠爱公子州吁，他喜欢勇武，庄公却未加德教。大夫石碏劝谏说：“我听说过，爱子，应以道义教育他，不让他陷于邪恶。骄傲、奢侈、放纵、好逸，这就是导向邪恶的原因，这四种品德的由来，在于宠爱过度了。”卫庄公不听，听之任之，死后卫桓公即位。公子州吁自恃勇武，杀掉桓公而自立为君。在民心臣心未归附的情况下，被石碏大夫设策在国外杀掉。石碏之子石厚与公子州吁厚交作乱，也被一并杀掉。古代君子说，这叫“大义灭亲”。父母爱子本属自然，然而宠爱无度，不加德教，养成恶习，终是害子害人害社会。天下父母疼爱子女，不可不知“爱之、教之、节之”的道理。

3. 欲望中道：追求而节制

人要追求欲望，不求得不到；人要节制欲望，妄求也得不到。欲望中道是：追求而节制。

完整地说，这就是儒家的义利合一观：不是讲义不求利，也不是求利不讲义，而是以义生利、以义建利、以义成利、以义节利，义利合一。

求利不讲义，或者讲义不求利，都是偏执一端的迷误，不符合中华古圣先贤的教诲，也不符合义利合一的儒家教义。我们要牢牢记住：不求得不到，妄求也得不到，追求而节制才是欲望中道，义利合一方是真理常道。

生于春秋乱世的齐国贤相晏婴，深知求利合义的道理，从而确保了一生的平安。

晏婴，春秋时期齐国人。伺奉齐灵公、齐庄公、齐景公，因为勤勉节俭而在齐国受到重用。已为齐国之相，吃饭肉不多，妻妾不穿丝帛。他在朝廷，国君夸奖他，即谦让不骄；未夸奖他，即增修功业。国家有道，即服从命令；国家无道，即分辨权衡，可行则行。因此，他在三朝齐君的时代都享盛名于诸侯。

晏婴为齐相，外出时，他的驾车人的妻子从门缝偷看丈夫。她的丈夫是齐相的驾车人，车覆大盖，驾马四匹，意气扬扬，十分得意。丈夫回来后，他的妻子请求离去。丈夫问是什么原因，他的妻子说："晏子长不满六尺，身为齐国之相，名声显达诸侯。今天我看他外出，志向、思虑深远，常常表现出恭谦下人的神态。如今你身高八尺，只是他人的仆役、御夫，但是你的心意却自以为满足，我因此才请求离去。"此后他的丈夫开始节制低调。晏婴感到奇怪并问他，驾车人具实回答。晏婴推荐他作了大夫。家有贤妻，实为一宝，贤内助就是指这个车夫之妻一类的女人了。她帮助丈夫去奢泰而尚恭谦，车夫也理当荣升了。

在公元前565年，齐国庆氏叛乱，晏婴未参与，在庆氏逃亡之后，齐景公封给他邶殿城外的六十个城邑，但是晏婴却不接受。子尾说："富裕，是人所希望的。你为什么不要呢?"晏婴作了精采的回答："（庆氏的欲望太盛）庆氏的城邑满足了欲望，因此逃亡了。我的城邑不足以满足欲望，又增加邶殿，就满足了欲望。欲望盈满，逃亡也不久了。逃亡在外，我甚至主宰不了一个城邑。不接受邶殿，不是厌恶富裕，只是担心失去富裕。况且，富裕犹如布帛有幅度一样，为此订立制度，使它不能随意改动。百姓生活丰裕且器用丰富，这就要端正德行并予裁制，使世众既无不足又不过分，这就叫作节制利益。贪利过头必遭失败。我不敢贪多，这就是所谓的节制吧。”晏婴是深明利益节制可以保身安家道理的。齐国权臣们听取了晏婴的良善谏言，也纷纷学习他的节制举动：封给晏婴小城邑邶郭六十个城邑，他接受了；封给子雅城邑，他推辞的多接受的少；封给子尾城邑，他接受而后全部退还。齐景公认为子尾忠诚，所以他得到了宠信。看来，晏婴不仅自己恭谦节制，还带动同僚恭谦节制，反而益己益人益国家了。鉴于晏子善于做人处世，孔子也赞赏说：“晏婴善于与人交往，相交越久别人就越敬重他。”

（六）治国以民为本

一个国家是以人民为基础的，治国须以民为本。人民，是由个体组成的群体，皆具有人性，人性以利为本。以民为本须以人性为本，以人性为本须以人利为本。背弃人性，否定人利，必然使人民离开；放纵人性，不节人利，必然使人民道德败坏。如此，治国也就走上歧途了。

1. 国以民为本

远古中国实行封建制，有天子、诸侯、臣僚、庶民（士、农、工、商）。什么人是国家的根本呢？儒家认为，人民是国家的根本，犹如水；君王受天之托治理民事，犹如船。水能载舟，亦能覆舟。只有人民安定了，国家才能长治久安。

儒经《尚书》的“五子之歌”就谕明了这一点。

皇祖有训："民可近，不可下；民惟邦本，本固邦宁。予视天下，愚夫愚妇一能胜予。一人三失，怨岂在明？不见是图。予临兆民，懔乎若朽索之驭六马；为人上者，奈何不敬？"

——《尚书·夏书·五子之歌》

《春秋穀梁传》也明言：

民者，君之本也。

——《春秋穀梁传·桓公十四年》

孟子深明国以民为本的道理。

孟子曰："民为贵，社稷次之，君为轻。"

——《孟子·尽心章句下》

但是，儒家所说的民，并不是一个抽象的整体概念，而是一个个鲜活的个人，具体的个人组成了整体的人民。我们不能讲人民而否定个体的人，讲民利而否定个人之利。

孟子曰："人有恒言，皆曰'天下国家'。天下之本在国，国之本在家，家之本在身。"

——《孟子·离娄章句下》

2. 民以利为本

既然人民由一个个具有人性的人组成，以民为本就自然要以人性为本，以人利为本，即以人的肉体需求、情感需求、社会需求、精神需求为本，创造利于人的利益满足、需求实现的社会环境，弃绝否定人的利益和需求的非人性举措，节制放纵人的利益和需求的纵欲行为。满足民需，节制民纵，安定民心，和谐社会，长治久安。

儒经《礼记》说到要依人性行事：

> “好人之所恶，恶人之所好，是谓拂人之性，灾必逮焉。”
>
> ——《礼记·大学》

孟子也说，给予并帮助人民实现自己的欲望和利益，商汤、周武王才得到天下。

> 孟子曰：“得天下有道：得其民，斯得天下矣。得其民有道：得其心，斯得民矣。得其心有道：所欲与之聚之，所恶勿施尔也。民之归仁也犹水之就下，兽之走旷也。”
>
> ——《孟子·离娄章句上》

夏末，商汤为夏朝诸侯，享有征伐权。他说：“我有句话：‘人视水可见形，视民可知治否。’”

打败夏军、流放夏桀之后，商汤又诰令万方诸侯：“若不立功于民，勤力职事，我就会惩罚直至诛杀你，你不要埋怨。不行道不享有国家，你也不要埋怨。”基于以民为本的治政理念，商汤自然平逆乱、伐夏桀解民之难。

文王以仁德治理周邦：修建园囿与民同乐，人人皆可享受。耕田的人享有均田而纳税九分抽一，从政的人世袭俸禄，城关、市场稽查而不征税，湖泽山地不禁捕猎，犯罪的人不牵连后代。老而无妻的人叫鳏夫，老而无夫的人叫寡妇，老而无子的人叫独老，幼而无父的人叫孤儿。这四种人，是天下穷困而无所告慰的。文王施行仁政，一定要先顾及这四种人。

周文王施仁政，体恤民生，照顾鳏、寡、孤、独，孔子赞扬道："周之仁德，可称极致之德了。"

3. 足民欲，制律法，施教化

中华历代圣哲遵循"以利为本"的人性根本，首先十分注重人民的欲望、需求、利益的满足，同时鉴于人性中善恶的存在，也十分注重能使人民培育良善、遏制邪恶的礼法规范和德行教化。这是物质需要和精神需要的统一。

放勋曰："劳之来之，匡之直之，辅之翼之，使自得之，又从而振德之。"

——《孟子·滕文公章句上》

孔子也没有忽视富民和教育相辅相成的治国之道。

子适卫，冉有仆。子曰："庶矣哉!"冉有曰："既庶矣，又何加焉?"曰："富之。"曰："既富矣，又何加焉?"曰："教之。"

——《论语·子路第十三》

在战国七雄争霸战争的大乱之世，孟子也看到了足民欲、施教化的王者之道。

孟子曰："无恒产而有恒心者，惟士为能。若民则无恒产，因无恒心。苟无恒心，放辟邪侈，无不为已。及陷于罪，然后从而刑之，是罔民也。

"焉有仁人在位，罔民而可为也？是故明君制民之产，必使仰足以事父母，俯足以畜妻子，乐岁终身饱，凶年免于死亡，然后驱而之善，故民之从之也轻。

"今也制民之产，仰不足以事父母，俯不足以畜妻子，乐岁终身苦，凶年不免于死亡。此惟救死而恐不赡，奚暇治礼义哉？

"王欲行之，则盍反其本矣。五亩之宅，树之以桑，五十者可以衣帛矣。鸡豚狗彘之畜，无失其时，七十者可以食肉矣。百亩之田，勿夺其时，八口之家可以无饥矣。谨庠序之教，申之以孝悌之义，颁白者不负载于道路矣。老者衣帛食肉，黎民不饥不寒，然而不王者，未之有也。"

——《孟子·梁惠章句上》

这就是孟子提出的"施仁政"的王者之道，其核心也就是"足民欲、施教化"，即分配给人民足以解决温饱、达到富裕的土地等私有财产，人心得以安定，让百姓能按年依时耕作，使人民的基本生活需求能得到满足，再兴办实施道义教化的学校，使人民的行为向善，形成孝敬父母、友爱兄弟的良好社会风俗。这样，人人安居乐业，行为向善，天下之人也就归服了。

荀子曰："上以无法使，下以无度行，知者不得虑，能者不得治，贤者不得使。若是，则上失天性，下失地利，中失人和，故百事废，财物诎而祸乱起。"

——《荀子·正论篇第十八》

儒家圣哲治世言政，无不重视“足民欲、制律法、施教化”的治理之道：民欲不足，人心不定；礼法不明，人行不正；教化不施，人欲无度。民欲满足，人心安定；律法彰明，人行可正；教化施行，人欲知节。

总而言之，儒家之道以人为本，时时处处都不会远离人。人，人性，人欲，人节，人教，是儒家之道立足的根本。

> 子曰：“道不远人。人之为道而远人，不可以为道。《诗》云：‘伐柯伐柯，其则不远。执柯以伐柯，睨而视之，犹以为远。’故君子以人治人，改而止。”
>
> ——《礼记·中庸》

> 《礼记》云：“仁以爱之，义以正之，如此则民治行矣。”
>
> ——《礼记·乐记》

晋文公重耳因受父王晋献公宠妃骊姬诬陷，流亡国外十九年。在秦军护送和晋国臣民的内应下，返国执政，努力利民，让民众安于生计，又通过实际行动教化晋民知义知礼，从而得以在城濮之战中大胜而称霸诸侯。

三、天人合一

天人合一，天理下贯人性，人性上达天理，天理与人性是贯通合一的。

（一）天理下贯人性

上天创生人类之际，就将灵性赋予人类，使人类具有区别于万物禽兽的精神、灵魂、灵性，使人类社会能够成为区别于丛林世界的有序群体。

子曰："思知人，不可以不知天。"

——《礼记·中庸》

但是，人类又有可能会背逆天理，荒废上天赋予的精神、灵魂、灵性，这就会使人类堕落为禽兽一般，从而陷于大乱之世，人类社会也会变成丛林世界，即弱肉强食的动物世界。

（二）人性上达天理

人性是人的天生本性，精神、灵性、灵魂是上天降赐人类的自然属性。了解了人的天性，了解了人的灵性，也就了解了上天之理。从人类具有灵性的角度看，的确"仁、义、礼、智"根植于心，这一道心、善性来自上天的赋予，认识了"仁、义、礼、智"，也就了解了上天的天理。

孟子曰："知其性，则知天矣。"

——《孟子·尽心章句上》

（三）天人合一

天不远人，天赋予人类以灵性，天理蕴存于人性之中；人不远天，人类灵性通达上天，人性蕴存着上天之理。

天德与人性贯通，天理与人欲贯通，天意与民心贯通，也就是说天与人是贯通合一的，天与人同在，天人合一。

子曰："君子之道，造端于夫妇；其及至也，察乎天地。"

——《礼记·中庸》

（春秋时期随国贤臣）季梁曰："所谓道，忠于民而信于神也。"

——《春秋左传·桓公六年》

（四）达至天人合一的途经

天人合一，本是精神信仰的支柱和健全人性的极致。但是，人还有肉体欲望、情感情绪、社会需求等人性欲望，人常常会为了这类欲望的满足，而忘记精神的充实，灵魂的供养，灵性的滋补，从而使得天理天德离人而去，人因此失去了精神支撑，许多人甚至沦入精神空虚，灵魂丧失，灵性泯灭，这样生活在人间也就犹如禽兽一般混迹于世。

其实，就像不得供养则灵性会消退，能得到供养灵性则会成长一样，人失去了的精神、灵魂、灵性是可以寻找回来的。

1．师圣可以通道

圣人敬畏上天，仁爱人类，达至天人合一的极致境地。圣人的圣言、圣行、圣迹中贯通了天道人理，只要虚心、专心、静心听取圣人的教诲，追思圣人的行迹，践行圣人的道义，我们也一样能够通道成圣。虽然圣人们生活的年代不同，居处的地方各异，际遇的环境有别，但他们禀道而行则是共同的。学圣，思圣，行圣，我们一样可能成圣，达至天人合一的境界。

2. 学经可以明道

古语说，人类未生，道在天地；人类既生，道在圣人；圣人既没，道在“六经”。儒家经典，是百代传承的圣教经典，是天下圣道的原始记录，是普世大众行事的做人常训。用心学习儒家经典，简易解说儒经精义，我们就可以明识儒家大道真理，达至天人合一的境界。

3. 受教可以达道

世有先知先觉者，后知后觉者，不知不觉者，先知先觉者唤醒后知后觉者，带动不知不觉者，实为人间正道。接受先知先觉者的教化，是后知后觉者、不知不觉者达道明理的捷径。孔子、孟子、荀子并非圣王，却以自己的学理、思想教化弟子、贤人及后代学子，堪称大圣、亚圣、后圣，这岂是偶然？秉承尊师重道的教化，也可达道至天人合一的境界。

4. 祭祀、祈祷功效神奇

儒家之礼，常礼三百，细礼三千，最重要的却是祭祀礼仪。祭祀不仅是个人私事，更是凝聚人心、和谐民众的天下大事。人们通过充分的准备和庄严的仪式祭祀皇天上帝，以及各种神灵、圣贤英灵、祖先亡灵，以表达自己崇敬、感恩、祈福、怀念的心愿和情感。遗憾的是，中华圣王凝聚人和的祭祀仪式早已失传，因此，在依据经典的基础上，结合现代社会的特点，复兴事关个人、群体、民族的祭祀礼仪，的确是一件安己、和人、聚族的大事。有志于复兴儒家之道的学子，理应在复兴儒家祭祀礼仪上有所作为。

祈祷，是个人的祭祀，是个人日常的祭祀行为。在祈祷中平静寻找上天，虔诚地找，专心地找，回归到个人内心的宁静，就能悟知存在于我们内心的天理天性，从而达到天人合一的境界。殷商中兴之王武丁“恭默思道”，周武王“祇承上帝”，周公教化成王“夙夜毖祀”，孔子盛赞鬼神之德，孟子“善养浩然之气”，都是一种虔诚的祈祷。

祭祀的仪式，祈祷的祈语，这些只是祭祀、祈祷的形式，更重要的是，祭祀、祈祷的人务必以真诚和恭敬为本，从内心生发敬拜皇天上帝以及诸种神灵、圣贤英灵、祖先亡灵的诚挚情怀。虔敬之心，配以良善的德行，使言行合于道义，我们就能达到天人合一的极致境界了。充盈了！自由了！幸福了！顺利了！

> 贤者之祭也，必受其福，非世所谓福也。福者备也，备者百顺之名也。无所不顺者之谓备，言内尽于己，而外顺于道。
>
> ——《礼记·祭统》

春秋时期，虢公自以为恭敬事神却不修德行而遭灭国，虞公自以为祭品丰盛却不审时度势而被亡国，赵婴信拜祭神却与侄媳妇私通而被放逐，成肃公甚至祭神大事也不恭敬终于夭死。不虔诚祭天，或虽祭却不修德行道，后果即是如此。

第二节　则德合一的生活原则

公则，是天下之人的公共行为准则；德行，是人身的美善道德及其派生行为；则德合一，就是奉守公则和修养德行合而为一。

一、奉守公则

（一）什么是公则

道存于人世为公则。公则，是天下之人的公共行为准则，是人生存于世的起码规矩和行为底线，是一切有序治世的维系纲纪和普世常法。有道治世，公则存于世；无道乱世，公则亡于世。

1. 公则，是上天降赐的天则

为了维系人类的生存，上天降赐必须的规则以保持人类社会的秩序。

不知不识，顺帝之则。

——《诗经·大雅·皇矣》

2. 公则，是圣人制作的规则

中华圣人上顺天理、下应人性制作了世人的行为准则，违背这些准则就偏离了圣人的正道，就偏离了圣人安邦治国的纲纪。

> 秩秩不猷，圣人莫之。
>
> ——《诗经·小雅·巧言》

3. 公则，是人世的常法

人世变迁，时移事异，公则是常存于世的规矩、规则、规范，违背公则就等同于无视普世同存的常法，混同人类社会与丛林世界的区别，从而把人类社会等同于动物世界。

> 王曰："若昔大猷，制治于未乱，保邦于未危。"
>
> ——《尚书·周书·周官》

4. 公则，是人生的命运

人天生有欲，有欲必有争，有争必节制，而节制、评断并非人言人殊，也不是强凌弱，众凌寡，而要依据举世公认的准则、尺度来衡量。因此，公则是人生有欲、有欲必争、有争必节制的本性需求，是人存于世的必然命运。

> 王曰："永畏惟罚，非天不中，惟人在命。天罚不及，庶民罔有令政在于天下。"
>
> ——《尚书·周书·吕刑》

人们历来认为儒家只讲修德不谈法制，这是一种极大的误解。翻开儒家经典，特别是圣王治世的教诲，随处可见其对于公则、规则、规矩的重视。谈儒家之道，绝不能缺失奉守公则的基本义理。实际上，一个群体的维系，一个社会的和谐，一个世界的和平，离开了一定的公则、规则、规矩是不可能实现的。人生在世，不能不顺服人的命运。

（二）公则的基石

公则，建立在一个“公”字上，公正、公平、公义是公则的基石。

公则，公正而不偏私，它公正对待天下之人，不会偏袒任何个人的私欲私利。

公则，公平而不倚重，它公平对待天下之人，不会因贫富地位而偏颇。

公则，公义而适中，它公允权衡人性，绝不倡扬邪恶，也不要求人性的至善，而对普世之人提出适中合宜的要求。

（三）日常生活十公则

公则，是世人可行的准则，贯穿在每一个人的日常生活和公共生活之中。静思上天的启示，综观圣人的教诲，细读经典的记载，通行于人世的十公则是：

不得横暴伤害人；

不得杀人；

不得盗窃；

不得抢劫；

不得诈骗；

不得淫乱败坏人伦；

不得贪贿损害公事；

不得侵占他人的一切；

不得不抚不孝不恭不友；

不得逆乱于内外。

公则，是普世大众的公共准则和行为底线。所有人，都必须奉守不违。奉守公则，我们就能成为一个合格的社会公民；违背公则，我们就连做一个社会公民也不合格。

违逆公则，不合天道人理，理应受到上天的公正报应和人类的正当惩罚。但是，中华古人圣哲历来强调教化为先，谨慎施罚。圣人之世，一定先以公则教化天下，使人人都知道自己的行为底线和生存原则，哪里能不施教化就惩罚犯则之人而祸害人民呢？而且，施罚务必谨慎，切切不可滥用公权或私权轻易伤害人。

为保障正常的社会秩序，虞舜任命皋陶为士，明施五刑（墨、劓、剕、宫、大辟五种刑罚），以辅助五常教化（父义、母慈、兄友、弟恭、子孝）。皋陶宣称："上天任命有德之人，以五等礼服表彰五种贤人，施行五种刑罚惩罚五种罪人。对于政事，一定要谨慎啊，谨慎啊！"

周穆王的卿相吕侯见天下法纪松弛、混乱，谏言穆王制刑安国，以法制整治四方，周穆王接受吕侯建议，制定适中刑法，禁戒天下，留下了中国最早的较系统的法律文献《吕刑》。

总之，奉行公则，人人有责；倡导守则，教化为先；惩罚违则，慎之又慎。

二、修养德行

德行是一个人内心存德并付诸行动，是道存于人身的具体体现。

（一）世人必修养德行

修养德行与否，不仅事关个人的善恶好歹，更涉及天下国家的治乱兴衰。

1. 顺天必修养德行

天以普利万物为天德，不修德不能利人利物，又何以顺天？

2. 做人必修养德行

人乃万物之灵，人性善恶兼俱，不能修德则灵性失丧，善消恶长，又何以为人？

3. 禀道必修养德行

道存于人身为德行，不修德则道远人，又谈何禀道？

4. 守则必修养德行

奉守公则是外部的强制规范，修养德行是内在的自觉追求，无内在的自觉追求而仅靠外部的强制规范，世事万端，公则难全，法制难禁，必致防不胜防、罚不胜罚了。

因此，我们说，修养德行是人一生的必修课。人人都知道无衣食不活，无水火不存，也应知道不修德难以自觉生活于世的道理。

> 孟子曰："三代之得天下也以仁，其失天下也以不仁。国之所以废兴存亡者亦然。天子不仁，不保四海。诸侯不仁，不保社稷。卿大夫不仁，不保宗庙。士庶人不仁，不保四体。今恶死亡而乐不仁，是犹恶醉而强酒。"
>
> ——《孟子·离娄章句上》

春秋时期，晋公子重耳流亡国外十九年，在若干臣友的辅助下得以返国即位为晋文公。晋文公犒赏跟从逃亡的人，微贱臣仆壶叔说："国君三度行赏，赏赐都未能给我，请告诉一下我的罪过。"文公回答说："以仁义开导我，以德惠警示我，此受上赏；以实际行动辅助我，终能成就功业，此受次赏；冒矢石之难，尽汗马之劳，此又受次赏。若是以力侍奉我而未能补我缺失的，此再受次赏，三度行赏之后，所以才能到你。"晋国人听说，都十分高兴。

为什么晋文公把以仁义德惠开导、警示自己的人列为上赏呢？因为德行修养是人立身的根本。

春秋时期的绝世美女夏姬不修妇德，放纵淫乱，与陈国君臣三人通奸，因她而死的人有三个丈夫，一个国君，一个儿子，并致一国灭亡，两个卿相出逃。看来，一个女人不知修德而又绝美，就会成为"祸水"横流，流到哪里就会祸害哪里，终至害人又害己。晋国贤臣叔向的母亲说："我听说极美之人必有极恶之处……绝美的女子足以改变一个人，假如不是有德有义的人娶她，必有祸患。"美，是人的自然追求，但美女自视，或男人视美女，不可忘记"德义"二字。

称霸一时的齐桓公拥有众多宠妃，亲近投其所好的宠臣竖刀、易牙，但病后却被二人禁闭宫中，饥饿断食，最终被迫自杀而死，尸虫爬出门窗，两个月都没人安葬。身后，诸子为争夺君位而战，宫廷内乱连年不断，齐国的霸主地位也随之丧失。君王不修德节欲，下场也是悲惨不堪的。

（二）十美德行

中华圣贤以圣言圣迹并以经典传承记载了世人修德立身的以仁爱为核心的十美德行。仁爱是联结其他美德的核心，仁爱贯穿在各种美德之中，儒家之德就是以仁爱为核心的全德：勤、新、仁、义、礼、智、信、宽、谦、慎，即勤俭、革新、仁爱、禀义、礼敬、智慧、诚信、宽容、谦虚、谨慎。

1. 勤俭是德行的入门

人不能勤俭，就不能积累财富，纵是家资丰厚也会被挥霍殆尽。勤俭是人生的命运，是人存活于世、发展于世的必然要求。

2. 革新是德行的延续

时势不断变化，生活不断前进，停滞不前、因循守旧是没有出路的。勇于革新，勇于创造，是天道，是人心，是圣人的行迹，是德行的自然要求。

3. 仁爱是德行的核心

敬天者必爱人，禀道者必爱人，守则者必爱人。本于仁爱之心，人才能生出各样善待他人的美德，才能做出各样自觉的善行，所以说仁爱是德行的核心。

何谓仁爱？仁者爱人；己所不欲，勿施于人；敬重自己，推己及人；己欲立而立人，己欲达而达人。这些都是圣贤的教诲，就记载于经典之中。

晋国贤臣赵文子善于了解人，他赞赏大夫随武子说：“他利于其君，不忘自己利益；谋求自己利益，不会遗忘朋友。”这合乎儒家的仁爱之德。这一仁爱德行，是儒家修身的核心，贯穿于儒家的全德之中。

4. 禀义是德行的根本

义，就是合宜、正义，讲的是人的行为合适恰当，人的行为合于正道，不失去人群居于人世的职责和本分。在家庭、邻里、地区、国家、世界等任何人类群居之所，人人都有自己的职责和本分。忠，首先就是忠于职责，也是忠于人民，忠于上司；孝，即孝敬父母双亲。忠孝为义之先，这无论是在职业群体还是在家庭关系中都是没有疑义的。

5. 礼敬是德行的基础

人人都有自尊，人人都有受尊重的欲望，礼敬合于人性的欲望，礼敬是人与人和谐相处的基础。中华号称礼仪之邦，礼敬理应贯穿在古今人民的日常生活之中。

礼，包括礼制、礼仪、礼貌，尽管它们是随时宜而变的，但礼以敬为本的义理却是一样的。

> 五帝殊时，不相沿乐；三王异世，不相袭礼。
>
> ——《礼记·乐记》

万章问曰：“敢问交际何心也？”孟子曰：“恭也。”

——《孟子·万章章句下》

6. 智慧是德行的阶梯

智慧是一个人明识道义与完成职事的技能。智者不惑，首先就是指人能区别善恶是非，而不会迷惑方向；也是指人具备技能，而能够胜任职事。

智者知天，知天命难违，天道难逆，顺天者天佑之，智者有福了；智者知人，能辨善恶，能识长短，向善用长，智者有功了；智者知时，万事皆有其时，万务皆存其几，能察时势，能捕时机，智者能成事；智者知命，若人的追求结果取决于外部条件的匹配与否，成败并不取决于己，这就是命了，知命智者通达平和。

7. 诚信是德行的支柱

诚信，是上天之道；真正做到诚信，是为人之道。人无诚信，就背逆了天道而天不佑助；人无诚信，谁又会相信你呢？天不佑助而人不信任，则你又怎么在世间安身立命呢？诚信，是人立身的支柱；诚信，又是立国的支柱：上无诚信而掠下，下无诚信而欺上，上下交相欺诈而乱政乱则，群体的凝聚力就丧失了，同心同德也就成了一句空话。

8. 宽容是德行的度量

天覆地载是天地的本性，万物因此得以创造。人的宽容度量光大德行，万功因此创建。宽容之人，容贤才，容凡民，容人短人过，容逆耳之言，容异己之见，容人不理解自己。如此容人容言，就能够集人之长而避己之短，远古圣人就是这样创建功业的。

9. 谦虚是德行的补充

古语说："天道盈则溢。"谦虚，是天道、地道、人道。太阳升至顶中则西沉，月亮变至盈满则亏缺，夏季热至三伏则转凉，冬季寒至数九则变暖，人情莫不厌恶骄矜自满而喜好谦虚。古圣先贤功盖天下，却无不谦虚，认为这样才符合人的实际情况。在全智全能的皇天上帝面前，身处无限扩展的大千宇宙和不断变化的人生之中，我们还是谦虚一点吧，还是敬畏一些吧，这样才能安保一生吉祥，才能避免骄矜自满而招致祸患。

10. 谨慎是德行的精微

天威无常，违天难免遭罚；地理多灾，忽地难以避难；世道多变，轻变必陷艰难；人生莫测，违时憾恨无穷。谨慎之人，深明天威、地情、人世、人生多变精微的道理，慎言慎行，慎治慎乱，慎始慎终，慎小慎微。

十美德行，勤、新、仁、义、礼、智、信、宽、谦、慎，即勤俭、革新、仁爱、禀义、礼敬、智慧、诚信、宽容、谦虚、谨慎，古圣早已倡扬在先，经典也详细记载，但世人为什么却难以奉行呢？孔子道出了其中的奥秘。

> 子曰："道之不行也，我知之矣：知者过之，愚者不及也。道之不明也，我知之矣：贤者过之，不肖者不及也。人莫不饮食也，鲜能知其味也。"
>
> ——《礼记·中庸》

这就告诉我们，道不能推行，道不能被人理解，皆因世人不是过了头，就是达不到；美好德行未能被人接受，美好德行未能被人理解，皆因世人不是过了头，就是达不到。弘道知道，明德立德，就要克服过头或达不到，恰到好处地奉行适中之道和中庸之德。

（三）十过十弊

智者贤者行道修德，常以至善至美自诩误人，如此反而不能为人接受为人理解，这是弊端重重的。孔子并不认为过头就好过达不到，而是说："过犹不及。"

勤俭而不知休养，其弊在伤身；
革新而不知保守，其弊在无度；
仁爱而不知疾恶，其弊在愚善；
禀义而不知自重，其弊在弃本；
礼敬而不知质实，其弊在奢繁；
智慧而不知持度，其弊在放荡；
诚信而不知辨情，其弊在害己；
宽容而不知执正，其弊在纳奸；
谦虚而不知自信，其弊在失我；
谨慎而不知敢为，其弊在失时。

孔子的贤弟子子路未听孔子提醒，忠直过头而在卫乱中遇难被剁成肉酱，就是德行过当的例证。

春秋时期的宋襄公本身德才不济，却想称霸于诸侯。在面临楚军进攻的泓水战场，却施仁德于进攻之敌，遭到惨败，沦为千古笑话。

鲁国权臣大夫叔孙豹（谥号穆）继承家业，为人好，善于识人的吴公子季札见到十分喜欢他，但认为他喜善却不嫉恶，势将带来祸害，得不到善终。果然，叔孙穆子晚年体弱多病，被授于管家大权的家臣竖力把持家族大权，竖力不给他饭吃，他最终被活活饿死。

（四）十不及十害

与贤人君子相比，愚夫不肖者不是行道修德过了头，而是达不到。达不到十美德行的境界，危害显而易见。

> 休养而不知勤俭，其害在败业；
> 保守而不知革新，其害在固旧；
> 疾恶而不知仁爱，其害在残忍；
> 自重而不知禀义，其害在逆乱；
> 质实而不知礼敬，其害在轻慢；
> 持度而不知智慧，其害在拘泥；
> 辨情而不知诚信，其害在孤己；
> 执正而不知宽容，其害在苛刻；
> 自信而不知谦虚，其害在唯我；
> 敢为而不知谨慎，其害在冒失。

春秋时期的卫公子州吁，自幼喜好勇武而不修养德行，终因纵欲逆乱而败亡。

孔子的同时代人阳货奉行“仁者不富，富者不仁”的乱世信条，终至害人害国害世害已。

（五）中庸十德

孔子认为中庸之德是德行的最高境界，它是指以德修身适中合宜，既不会过了头，也不会达不到。中庸德行，并非孔子的独创，早有古圣倡扬在先，孔子只是继承集成而已。

我们务必传扬中华古圣先贤的广博深远智慧，切记“过犹不及”的弊端危害，努力达到中庸行道、中庸修德的极致境界：

勤俭而知休养；
革新而知保守；
仁爱而知疾恶；
秉义而知自重；
礼敬而知质实；
智慧而知持度；
诚信而知辨情；
宽容而知执正；
谦虚而知自信；
谨慎而知敢为。

郑国子产临终告诫将会代他任国相执掌国政的太叔，行宽和之政很难。但太叔不忍心行严厉之政，奉行宽和，于是郑国盗贼渐多，太叔被迫发兵平息盗乱。

孔子对此的评价就反映了儒家的中庸之道。孔子说：“好啊！政治宽和则百姓散漫，散漫用严厉纠正。政治严厉则百姓受伤害，受伤害则施行宽和政治。用宽和调节严厉，用严厉调节宽和，政事得以和谐。……‘柔远怀近，安定我王。’这是以和谐安定国家。又说‘不急不缓，不刚不柔。施政从容，百福降临。’这是中和之政的极致境界了！”孔子视这种远近和谐和刚柔得当的中庸中和之政为治政的极致境界。

一次，孔子问弟子子路：“仲由啊，你听说过六言六弊的道理吗？”子路回答道：“没有。”孔子说：“坐下，我告诉你。喜好仁德却不喜好学习，它的弊病在会变得愚蠢；喜好聪明才智而不喜好学习，它的弊病在放荡不羁；喜好讲诚信而不喜好学习，它的弊病在容易害人害己；喜好直率而不喜好学习，它的弊病在说话尖刻刺人；喜好勇猛而不喜好学习，它的弊病在惹事生非；喜好刚强而不喜好学习，它的弊病在轻狂妄为。”学习是要学什么呢？顺孔圣人的思路推下去可见：好仁而知恶，好智而知正，好信而知辨，好直而宽容，好勇而知节，好刚而知慎，这才是修德的六种中庸境界。孔子不做过分的事情，认为过犹不及，这才是极致之德。

明白了中庸之德是德行的极致境界，我们还须注意：谈中庸十德，只是就修养德行的若干主要方面而言，并非十全十美之意。我们做到了中庸十德，也不敢说自己完美了。须知，举一反三，举十反百，才是学道修德的正确方法。

而且，学道修德，不可徒知背诵一二字句、断取一二义理就认为已经达道成德了。要使自己达到成熟的境地，请谨记孟子的以下告诫。

> 孟子曰：“五谷者，种之美者也。苟为不熟，不如荑稗。夫仁亦在乎熟之而已矣。”
>
> ——《孟子·告子章句上》

（六）如何修养德行

和世间万物一样，德行也要靠修养、培育才能长成。

1. 修养德行务必教化

世有先知先觉者，后知后觉者，不知不觉者。先知先觉者唤醒后知后觉者，带动不知不觉者，这就是教化之功了。人心虽存善意良知，但也有恶意邪念，世间亦有妖孽、邪恶，若无天理、人道教化，人的善意良知就会受到抑制，恶意邪念就会日渐滋长，人就会成为无德小人。

周文王诚修仁德，敬老爱幼，施行仁政，自幼得益于母亲太任的教育。太任品性端庄，奉行仁德，身怀文王时目不视恶色，耳不听淫声，口不出傲言，胎教腹中之子，生下文王。

亚圣孟子少时机敏好学，传说他的母亲为了让年幼孟轲能有一个风气良好的居住环境，曾经三次搬迁住处，最后搬到学宫附近；见孟轲上学一会就回家，用刀斩断了正在纺织的丝绢，谕告他半途而废的道理，启发他诚心向学。孟轲成为大儒亚圣，离不开母亲自幼的良好家教。父母爱子，一定要从幼儿抓起，学会用儒家道义开导幼子，积善习成善德，否则必积恶习成恶德，年长以后就难救了。

2. 修养德行要逐步积累

虽说存在“顿悟”的觉醒，但一般而言，修德犹如登山一样，要一步一步地攀爬，一点一滴地积累，逐步达到成熟的地步。教化生信念，信念致行为，行为成习惯，习惯成品性，这就是修身养性逐步上进的积累功夫。

3. 修养德行永无止境

修养德行贯穿人的一生，无始无终常招祸，有始无终终必败。德行乃立身之本，不修德养善，就会失德迷误，这就难免天罚人怨；外界邪魔引诱不断，虽有善的开头但中途而止，也难免陷恶受难。

4. 修养德行要靠己重人

假如自己连修德养善的欲望都没有，别人又怎么帮你呢？人总是自己作贱自己，他人才会轻慢你，失德成恶常常是自己酿就的。所以修德要靠自己！

但是，人贵有自知之明，人不能十全十美，即便圣人君子也不可能灭绝人性中的恶性，这就需要良师、益友、贤辅的帮助和劝谏。中华圣贤是这样做的，我们常人更需要如此。

因此，我们说，人修养德行要靠自己的努力，也离不开良师、益友、贤辅的帮助。

春秋时期，晋文公流亡国外十九年后返国登位，给予以仁义开导自己、以德惠警示自己的人上赏，原因就在于他明白修身立德是做人行事的根本的道理。

三、则德合一

则德合一，即奉守公则是修养德行的前提，修养德行是奉守公则的延伸，奉守公则和修养德行是贯通合一的。

（一）公则是德行的前提

公则是普世同守的公共规则，是人存于世的行为底线，人奉守公则才能成为一个合格的社会公民。如果违逆公则，则连正常社会生活的资格都会受到限制，遑论成为一个自觉的社会贤人。要想成为一个自觉的社会贤人，首先要成为一个奉守公则的合格公民，这是人作为人的起码和底线，我们要奉守普世公则这一起码和底线。

（二）德行是公则的延续

德行是指人修德并依德而行，它是奉守公则的自然延续。公则，不仅是个人行为的指向，更是社会的、外在的强制规则，不论你理解与否都必须奉守。但是，要真正使社会的、外在的强制规则内移为个人内心的自觉生活原则，这就离不开修养德行了。只有通过自己的德行修养，才能自然生出良善的行为，才能始终不渝地奉守公则。从一个强制守则的合格公民进步到自觉的社会贤人，自然要求修养德行。

（三）则德合一

公则是德行的前提，德行是公则的延续，奉守公则与修养德行是贯通合一的：修养德行之人必首先奉守公则，奉守公则之人必延至修养德行，两者相辅相成，相得益彰。奉守公则，人能成为一个合格的社会公民；修养德行，人就从一个合格的社会公民进而变成一个自觉的社会贤人了。

孟子曰：“《诗》曰：‘天生蒸民，有物有则。民之秉夷，好是懿德。’孔子曰：‘为此诗者，其知道乎！故有物必有则。民之秉夷也，故好是懿德。’”

——《孟子·告子章句上》

第三节　常变合一的人生智慧

常道，是恒常不变的信仰、公则、德行；权变，是因应时间、地点、对象、情况的权宜变化；常变合一，即常道与权变两端皆俱、相辅相成、合而为一的人生智慧。

一、常道

我们须知，灵界善恶俱存，皇天上帝引人向善，妖孽邪魔驱人为恶，灵界善恶相搏；人性善恶俱存，人性存良善道心，也存邪恶欲念，人性善恶交织；人世善恶俱存，好人行善，坏人作恶，人世善恶相较。区分善恶，是做人的起点，智慧的入门。

（一）常道辨别善恶

灵界善恶相搏，人性善恶交织，人世善恶相较，我们做人行事，就不可不辨别善恶，知道好歹，认识是非，从而端正人生的正确方向，行得越远也就功德越大。相反，我们做人行事，不辨善恶，不知好歹，不识是非，从而迷误人生的正确方向，行得越远也就罪恶越大。

善恶之别，在于奉行常道与否，在于顺应天理、因循人性、奉守公则、修养德行与否。顺应天理、因循人性、奉守公则、修养德行，此为善为好为是；背逆天理、否纵人性、违反公则、失丧德行，此为恶为坏为非。

辨别善恶、好歹、是非，是做人的起点，是智慧的入门，是坚持正确价值观的前提，是人生长远成功的关键。

孔子谴责是非不分、口是心非的“乡愿”是“德之贼”，孟子认为回归常道正理百姓就会振兴、邪恶就会消除，荀子提出以师法礼义制恶返正方能成治。这些都反映了古圣先贤辨别善恶、坚持正道的鲜明立场。

禹曰：“帝不时敷，同，日奏，罔功。”

——《尚书·虞书益稷》

穆子曰：“吾闻诸叔向曰：‘好恶不愆，民之所适，事无不济。’”

——《春秋左传·昭公十五年》

（二）善恶源起

1. 善恶源起于人的天生本性

人性天生有善的本性，也有恶的欲念。放纵恶欲，人的恶性滋长，善性就会消退；培育善性，人的善性增长，恶欲则会消退。

2. 善恶源起于外界邪魔的迷诱

人并非生活在一个至善的世界，灵界妖孽、社会小人以种种私欲迷诱世人，投其所好引人入恶，若无坚定的信仰、坚守的原则就难以抵御。

3. 善恶源起于外界作用与内在欲望的合力

灵界有善存恶，人性有善存恶，人世有善存恶。皇天上帝的警示，圣贤君子的教化，能使人性的善端增长，恶欲就会受到抑制；妖孽邪灵的迷惑，世间小人的引诱，能使人性的恶欲滋长，善端也会受到抑制。归根结底，善恶在于个人的选择：选择善可成善，选择恶必成恶。

（三）善恶转化

成善陷恶并非凝固不变，它会随着人的变化而变化，随着时事的变化而变化。人不可自以为永为善人，也不用担忧永成恶人，善恶会随着人的变化和时事的变化而转化。

1. 善恶随人的变化而转化

善恶不是凝固不变的，它会随着一个人的意念、言论、行为的变化而转化。去善从恶，善人变恶；去恶从善，恶人变善。

2. 善恶随时随事的变化而转化

善恶转化，还表现在它会随着具体时间和具体事情的变化而转化。此时行善，此时为善；彼时作恶，彼时为恶。此时作恶，此时为恶；彼时行善，彼时为善。此事行善，此事为善；彼事作恶，彼事为恶。此事作恶，此事为恶；彼事行善，彼事为善。

3. 执持常道保良善

我们可以看到，善可能转化为恶，恶也可以转化为善，善恶转化的关键在于执持常道与否；执常道，善复善，恶变善；逆常道，恶复恶，善变恶。

圣王商汤的嫡长孙太甲即位为商帝，不听“元圣”伊尹的修德教化，执政三年执迷不悟，暴虐行政，不遵行商汤法典，紊乱德行，陷于邪恶之中。

伊尹屡次劝谏太甲改恶从善均不见效果，于是将太甲放置桐宫反省。伊尹摄政治国，朝见诸侯。太甲因忧思怀圣的环境，终于悔过自责，成就了美德。

于是，伊尹亲迎太甲回都，再加警诫，归政于太甲，自己则告老还乡。从此，帝太甲谨记伊尹的反复教化，勤政修德，诸侯纷纷归服殷商，天下百姓得以安宁。

这就是太甲的改恶成善。

春秋时期，吴王阖庐被越王勾践率领越军大败身亡。吴王夫差继位为王，派人站在宫殿庭院，夫差每次出入，此人必警告说：“夫差！你忘记越王杀死你的父亲吗?”夫差就回答：“是的，不敢忘记!”这时的吴王夫差，尚能谨慎节欲，堪称为善。

经过三年的警戒、努力，吴王夫差大败越国，报了杀父之仇。大胜之后，吴王夫差发生了变化：居处有楼台池沼，夜宿有妃嫔侍陪；一天外出，所想所欲一定要实现，玩好之物一定得带上，大量收集珍奇异宝，成天观赏游乐，视民如仇人而变换花样役使。夫差自己败坏自己，去善成恶了。

最终，吴王夫差被“卧薪尝胆”的越王勾践大败灭国，上吊自杀。吴王夫差去善成恶自败亡，印证了古圣的箴言：“天作孽，犹可违；自作孽，不可活。”

（四）善恶报应

善有善报，恶有恶报，善恶报应本是天道人理，而善恶报应的时辰、方式等则是人猜不透的奥秘。

1. 善恶报应的天道

天以慈善为本，普利万物，恤爱人类，对于顺天、利物、爱人的人赐以善报；天又威严刚正，对于逆天、败物、害人的人施以恶报。善恶报应，是上天匡正人心、纲纪人世的正道。

> 禹曰：“惠迪吉，从逆凶，惟影响。”
>
> ——《尚书·虞书·大禹谟》

> 伊尹曰：“惟上帝不常：作善，降之百祥；作恶，降之百殃。”
>
> ——《尚书·商书·伊训》

2. 善恶报应的人理

善良之人仁爱及人，邪恶之人损人利己。爱人者人爱之，损人者人恶之；爱人者得人心，损人者失人心；爱人者人归附，损人者人离散。人爱之，得人心，人归附，爱人者自得善报；人恶之，失人心，人离散，损人者必得恶报。善恶报应，自是人类社会维持正常秩序的正道。

商汤讨伐作乱诸侯，从葛国开始。商国与葛国为邻，葛伯放纵而不祭祀，推托没有祭品，商汤送去牛羊，被葛伯吃掉；还推托没有祭物，商汤派民众去为他耕种，葛伯又抢夺商民老弱送去的酒肉饮食，不给者被杀掉，连小孩也杀了。“葛伯仇饷”激起了商国和天下民众的愤怒，商汤于是讨伐葛伯，不扰民众，从葛国开始，先后十一战而无敌于天下。夏桀也因日益荒淫暴虐而被商汤大败流放。

商汤修德恤民，得以平乱灭夏；葛伯、夏桀失德残暴，难逃惩罚败亡。这就是善恶报应的天道人理。

春秋时期，晋灵公为君失道，向百姓横征暴敛，用以雕饰宫墙。从台上用弹丸打人，看人们躲藏弹丸取乐；厨师因烹调熊掌不熟就送上，也被杀掉。

贤臣赵盾屡次劝谏，晋灵公很讨厌他，派人刺杀他：杀手见赵盾恭敬勤政，便宁愿自杀也不害他；晋灵公请赵盾喝酒，埋伏甲士打算杀掉他，也被报恩的护卫甲士倒戈相救。

作恶多端的晋灵公终被赵穿杀掉，而赵盾则因行善恭谨，得以安平善终。这就是善恶各有所报的道理了。

3. 猜不透的善恶报应奥秘

人们会问：善有善报、恶有恶报是正道，但善招恶报、恶得善报，我们又见得少吗？特别在无道乱世，这种事更是屡见不鲜。

我们说，这是事实，但并非真理真谛，这是对善恶报应的迷误曲解。

4. 善恶报应的时辰测不准

善恶报应，并不是仅仅指即时报或在世报，还包括身后报、后嗣报、永恒报等报应。

作恶获利，享尽富贵，但踩在滑地，随时倾倒，心惊恐惧，这种福报可慕可靠吗？你又想过上苍为恶人的身后遗臭、后嗣遭难、灵魂永下阴间或地狱的恶报安排吗？

行善遭难，备受煎熬，但有的善人行善过头不知自保，有的善人随心为善不讲时宜，这不合圣人的教诲，即时、在世遭难也属难免。圣贤为善虽未必在世得善报，但上苍为他们的身后、后嗣、永恒则安排了福报。

至于乱世，自有乱世生存之道。执一不变哪怕是执良善一端不变，这叫高风亮节可佳，不讲时宜可叹。切记：行善过头自取辱，作恶过头自遭败，善恶执中方是乱世生存之道。反问一句，你连自身都不能保住，又何以保亲人？又何以保他人？又何以保社会？

5. 善恶报应的方式猜不透

人测不准善恶报应的时辰，也猜不透善恶报应的方式：或者上天在锤炼你的信仰才智，到时会结出善果；或者上天在给你时间悔改，视结果施以报应；或者让你不断积累罪恶，到时一举而歼之；或者假手恶力诛灭邪恶，又降灾惩罚恶力；等等。上天善恶报应的方式，是我们猜不透的奥秘，犹如测不准的时辰一样，任你怎么测都测不准、测不透天道的奥秘和人理的复杂。

人的成败常常在于当时的机会，善恶报应也常常系于不测的时辰和不测的方式：或者，善未必得善报，也许是上天在考验你的信仰真诚与否，也许是上天在锤炼你的能力才智，到时就会结出善果；恶未必招来恶报，也许是上天在给你时间悔改，也许是上天让你积累罪恶，到时一举歼之，也许，上天让你一时得意自傲，假手善良正义之力覆灭之，还会借助邪恶之手诛灭邪恶，又降灾惩罚其罪恶。天道善恶报应的奥秘，谁又猜得透呢？

春秋时期，蔡灵侯杀君父、远百姓，被逆天作恶的楚灵王借口召见他而将他杀掉。

齐国权势家族庆氏内乱不成，庆封奔鲁逃吴。吴君厚待他，赐给吴地朱方让他聚集族人，庆封比过去更富有了。鲁国子服惠伯对叔孙穆子说："上天也许要让坏人富有。庆封又增富了！"叔孙穆子说："善人富裕叫作赏赐，坏人富裕叫作祸殃。那是上天降灾给他，把他们聚合在一起再全部歼灭掉。"果然，七年后楚灵王征伐吴国，攻破庆封的城邑朱方，活捉了他，让他背负斧钺，巡游诸侯示众，然后杀掉他，灭了他的族。

楚灵王不敬上天，用尽资源，灭陈亡蔡，霸占财产，凌辱大夫，内外结怨，也逃不掉上天的惩罚。最后，上下群起反叛，杀了他的几个儿子，楚灵王也无处可去而上吊自杀。

以恶灭恶，又降灾去恶，这就是楚灵王杀掉蔡灵侯、齐国庆封而自身也难逃灭顶之灾的善恶报应的天道人理。实际上，善恶报应的时机、方式等神奇多样，是人类猜不透的奥秘。

（五）遏恶扬善

恶的滋长，必致小人道长，君子道消，治世变乱；善的弘扬，必致君子道长，小人道消，乱世变治。历史见证：恶浪滚滚，小人得志，君子消退，平民百姓辛苦劳作亦无出路；善风成俗，君子得志，小人消退，平民百姓辛苦劳作方能出头。遏恶扬善，自是天道所在，人心所向。

1. 遏恶扬善是天道

上天以慈善为本，自然彰显良善；上天以嫉恶为性，也必遏制邪恶。遏恶扬善，本是上天纲纪人世之道。

2. 遏恶扬善是圣道

圣人之圣，就在于能够顺天、应人、守则、修德而出类拔萃，对背天、逆人、违则、失德的邪恶之徒憎恶攻击，从而成就了遏恶扬善的圣功。

遏制邪恶，弘扬良善，圣王虞舜早已奉行实施，因为这是天道人理之所在。

尧知舜有天命盛德，先试着让他治理政事，舜即起用了先圣高阳氏才子八人（八恺）主理土地之事，先圣高辛氏才子八人（八元）遍施“五教”（父义、母慈、兄友、弟恭、子孝）于四方，世人顺时合序，天下家庭和睦。此外，还明确二十二贤臣的职能，任贤兴功。

舜不是只行扬善，还惩罚邪恶：黄帝的后代讙兜、少皞氏的后代共工、颛顼氏的后代鲧、炎帝神农氏的后代三苗作恶罪大。此四人，都是先圣的后代，强势的权臣，尧时未能辞去，天下称之为“四凶”。虞舜执政，流放共工、讙兜、三苗，诛杀鲧于羽山。惩罚了“四凶”，天下之人心悦诚服。

尧去世后，舜受禅继帝位，又开明选择大禹、皋陶、契、后稷等二十二贤臣分封职务，明确职能，三年一考核，三考定升免，各项功业开始兴盛起来。

虞舜遏恶扬善，合乎天道人理，无怪乎孔子盛赞其为“大智之人”。真是非凡之圣王！

3. 遏恶扬善是人道

善人利人利己，利人者人爱归心；恶人损人利己，损人者人恶离心。遏恶扬善也是人道所在。

（六）善恶是比较而言的

善恶之别，在于奉行常道与否，在于顺应天理、因循人性、奉守公则、修养德行与否。顺应天理，因循人性，奉守公则，修养德行，此为善为好为是；背逆天理，否纵人性，违反公则，失丧德行，此为恶为坏为非。

1. 前进目标与努力方向

明确了善恶的辨别区分标准，我们就有了言行好坏的衡量准则与努力方向了。但圣人不是以自己作为标准来节制世人的行为，不是以善的准则为绝对标准来衡量世人的行为，因为它太高了，太远了，太完美了，难有一个绝对意义上的善人。它只是一个相对的比较标准，让世人通过比较，知道人生的前进目标和努力方向。

2. 人与善恶准则相比较而知前进目标

人知道了善恶准则，也就明白了何为善良，何为邪恶，从而通过自己言行与善恶准则的比较而明确前进的目标，弘扬良善，遏制邪恶。

3. 人与人相比较而知努力方向

人的行进并非整齐划一的，通过人与人的比较，我们就知道谁更接近善的准则而是一个贤善之人，从而明白自己与贤善之人的差距以及努力的方向。贤善之人教化不贤善之人，不贤善之人效法贤善之人，人就端正了自己的努力方向，从而可以行进在向善制恶的大道上了。

二、权变

权变，即权宜变化，权衡适宜而变化。权变是儒家之道的生命活力之所在，离弃权宜变化，就丧失了儒家之道的生命活力，从而陷入执固不通的泥潭。明道，不可不通权宜变化。

（一）权变的必然

天道、人世、人生变化的永不停息和奥秘莫测，决定了权变、权宜变化、权衡适宜而变化是禀道行义的必要智慧。

1. 天道变化永不停息和奥秘莫测

天道贵变。环宇星辰、太阳月亮、自然万物都处于永不停息的运行变动之中，人类力求破解上至宇宙下至粒子的天道运行变化奥秘，但受认知的局限，人类并不能完全破解这些奥秘。当我们自诩已经破解了天道运行变动的诸多奥秘时，更多更新的奥秘又呈现在眼前。人类的认知在长进，但始终比不上皇天上帝的无穷奥秘。我们所能做的只是顺应天道变化的永不停息和无穷奥秘而权宜变化。

2. 人世变化永不停息和奥秘莫测

人类社会自从诞生以来，治乱兴衰，运行变迁，永不停息。或者，成治之世预测永远太平，却变为大乱之世；或者，成治之世预测必陷大乱，却出现小康中兴；或者，乱世预测可转治世，乱世却变为大乱之世；或者，乱世预测必陷大乱，乱世却变为治世；等等。人世的变迁，并不依个人的意志为转移而运行变迁。我们所能做的只是因循人世变化的永不停息和奥秘莫测而权宜变化。

3. 人生变化永不停息和奥秘莫测

人出生之后，婴幼、童年、少年、青年、中年、老年直至衰老死亡，哺育、上学、就业、成家、育子、养老、送终，各种变化永不停息。寿夭穷通，祸福成败，谁又猜得透呢？或者，人望长寿，却遭夭折；人望通达，却受穷困；人望福祉，却招祸患；人望成功，却遭失败。或者，人料夭折，却享长寿；人料穷困，却得通达；人料祸患，却得福祉；人料失败，却可成功。明天有何遭遇？人生未来如何？我们实难确知。我们所能做的只是根据人生变化的永不停息和莫测奥秘而权宜变化。

顺应天道、人世、人生的变动不息和莫测奥秘，中华古圣先哲——伏羲、炎帝、黄帝、尧、舜、禹、商汤、周文王、周武王、周公、孔子、孟子、荀子等无一不善于权衡适宜而变化。

孔子少时贫贱，管仓库，管牛羊，兢兢业业，随遇而安；

达道立身后，本欲弘道，却遇鲁国内乱，离鲁赴齐，在齐不得用，又返鲁退居民间而修“诗书礼乐”，教化弟子贤人；鲁定公擢用为官，孔子顺势治政扬礼，欲抑权势大夫，受阻知罢；鲁国君臣沉溺齐国女乐，不思治政，轻慢祭祀，孔子又于50多岁离鲁赴卫，奔走列国匡扶乱世，长达十四年；巡游间，被蒲人围困，危难中答应蒲人不去卫国，解围后即违约赴卫；回鲁国后，鲁国不能用孔子，孔子也不求官；近七十岁的孔子，修订“六经”、教化弟子贤人，完成了儒家思想的集大成并传承了儒家之道。孔子一生，无可无不可，可以速则速，可以久则久，可以官则官，可以民则民，可以进则进，可以退则退，灵活权变推行道义。

（二）什么是权变

权变，即权宜变化，权衡适宜而变化，这是指顺应天道、人世、人生变化的永不停息以权衡适宜而变化，也就是依据时间、地点、对象、情况等的具体变化以权衡适宜而变化。

1. 顺时而变

权宜变化要顺时而变，即顺应时势而变，识察时机而变。

时势，是指时代变化的大趋势、大方向。人的行为，能够顺应历史变迁的趋势和民意变化的趋势而行，人就能够端正行为以顺应时代变化的大趋势、大方向而不致于走上违逆时代变化的大趋势、大方向的背时道路了。

时机，是指时势变化的具体机会，它往往显现于某些事件发生所标志的转折点上。时机常常会转瞬即逝而不可追回。时代发展展现的趋势已经形成，时机未到而行动，往往会付出惨重的代价；时机已到而贻误，往往会造成难以挽救的后果。

明时势以知方向，察时机以定进退，是利用时机顺应时势的成功之道。

> 孟子曰：“虽有智慧，不如乘势；虽有镃基，不如待时。”
>
> ——《孟子·公孙丑章句上》

周文王去世后，周武王为周邦之君，见商纣势强，九年不动；商纣昏乱，武王声称东伐，诸侯不期而会者八百，武王却说：“尔等未知天命，不可伐!”过了两年，商纣昏乱暴虐更厉害：沉沦放纵，残害百姓，囚杀贤臣，仁者逃离，众叛亲离。武王见时机已到，果断兴师，宣称：“时哉，不可失!”一举灭商之后，即偃武修文，放马归牛，从武战转入文治。进退文武，合乎时势，讲求时机，犹如舟船顺水势而行，武王不愧为顺时而变的圣王了。

2. 应地而变

权宜变化要应地而变，即适应地点的变化，合符当地的实情。

一地一情，随着地点的不同，气象、地形、物产、基础、民风、习俗、文化也会有所差异。立足本地的特点，适应本地的情况，才能因地顺俗取得成功。俗话说“因地制宜”、“入乡随俗”，讲的就是因地顺俗的道理。

周公之子鲁公伯禽受封于鲁，三年才禀报政事。姜太公受封于齐，五个月就向周公报政。周公问：“为什么这么快呢?”

姜太公回答："我简化齐国的君臣礼仪，因应齐地习俗而为罢了。"后来，周公听到伯禽报政事延迟，叹道："唉，鲁国后世一定会向齐国称臣了！政事不简不易，民众不会亲近；政事平易近民，民众必定归附。"姜太公没有拘泥于烦琐礼仪，而是顺应齐地简易自如的风俗，简礼易政，开通工商实业，因沿海地利合乎齐地实情开拓鱼盐之业，人民归附，齐国很快成了大国。

3. 因人而变

权宜变化要因人而变，即依据交往对象的不同而有所变化。每个人的遗传基因不同，所受教育不同，生活环境不同，所站角度不同，利益诉求不同，德才高下不同，个性风格不同，必然产生人与人的个体差异。因人而变，就要依据具体对象的个人特点而应对合宜。怎么能一概论之而一成不变呢？有的人只讲自己个性特立，一概不问具体对象的差异，一律以一己之好苛求他人，这样的人终生处不好人际关系，却从不反思自己而诿过于人，岂不悲哀？

春秋时期，越国大夫范蠡辅佐越王勾践深入谋划二十余年，一直苦身尽力，最后灭了吴国，越国得以称霸一时，范蠡也被封为上将军。他看自己，盛名之下，难以久居；看越王勾践，可以共患难，难以共享乐。于是，范蠡果断辞职，带上珍宝浮海而去。到了齐国，范蠡改变姓名，治理产业，齐国又封他为国相，他认为自己已达极致，久居尊贵盛名并不吉祥。于是，又带上珍宝，偷偷离开，选择天下交通要冲陶地经商，累积资产巨富，天下称颂陶朱公。

与范蠡齐名的越国大夫文种，未听范蠡的劝告离开，终被怀疑他的越王勾践听信谗言而赐死。

范蠡善于观察越王勾践的品性，得保平安；文种不察，终致自杀。这就是能否根据交往对象的特点而正确应对的成败典型了。

4. 适情而变

权宜变化要适情而变，即适应具体情况而变。具体情况不同，因应的办法、方略也不一样。只有适应具体情况的变化而采取适宜的应变办法，才能因为合符实情而成功达至良善的结果。情况百变，做事绝不可执一不变，而要以百变的行为应对百变的情况。否则，只会败坏道义的推行。

商朝末期，周文王被崇侯虎谮言囚禁于羑里（今河南汤阴北），长达七年，待商纣怨气渐消，姜太公与文王至友散宜生、闳夭商议，进献美女奇物给商纣，商纣看到美女，高兴地说："有此一物已足够了，何况这么多?"于是释放了文王，又授与文王征伐大权。文王私下行善修德，天下三分居其二，奠定了灭商兴周的基业。姜太公与散宜生、闳夭依据商强周弱的形势和商纣贪婪好色的具体情况，贿通商纣王，可谓适情而变了。姜太公足智多谋：文王基业的奠定，姜太公计谋居多；武王伐纣，也是姜太公的军事谋略。姜太公，堪称善于权变的"太公望"了。

可见，权变，顺时而变，应地而变，因人而变，适情而变，这是儒家大道的生命活力之所在。离开权变也就丧失了儒家大道的生命活力，必然把儒家的鲜活真理变为君臣庶民、三跪九拜的僵化等级教条。尊奉儒家思想却不知权变之道，或者非议儒家之道为陈腐、固旧、保守思想，从根本、源泉上无视儒家的生命活力，离儒家真道精髓就远了，太远了！

（三）权变之术

1. 预做准备，未雨绸缪

在日常常态运作状况下，我们要深明天道、人世、人生的变幻莫测，我们要承认自己尚难知晓明天会发生什么事情。因此，我们必须做好应对意外事件（好的或坏的）的准备。这样，当良机突然出现，可以迅速地加以利用；当恶运突然降临，也能及时加以规避。俗话说的“有备无患”，讲的就是变化来临之前预做准备，可以防范意外祸患。

黄帝见天下陷乱，战火虽未及自己，即开始修德振兵，治政安民，网罗人才、积极做好战争准备，所以能在战争来临时战胜榆罔炎军，擒杀蚩尤，统一中国。

2. 见微知著，见几而行

世事变化往往是由细微到显著，由苗头到长成。要善于精细观察变化的细微苗头和先显征兆，应对变化于尚未彰著长成的未成气候之际，及时地采取行动。河堤裂开而不加堵塞，水冲缺口危害必大；小病而不加医治，酿成大病难以医治；小恶不加遏制，积成大恶后患严重。世事纷繁，万几涌现，只有抢占先机的人才能赢得主动，在取得成功或防范失败中先走一步。

周武王灭纣后，封姜太公于齐国营丘。他在前往封国途中住宿而延迟行程。客舍之人议论时机难得易失，客人就寝安宁，不想赶赴封国。姜太公知情况有急，于是连夜穿衣出发，黎明时分赶到齐国，设置了防备。不久莱侯果然带领族兵前来攻打营丘，被及时赶到的姜太公驱败。如果不是听言即发，恐怕姜太公一到齐国，就不得安宁了。

3．慎始慎终，慎终如始

慎始，可以使人起步即朝往正确的方向，否则竭尽全力也只能使迷误更大，顽固坚持走下去更是死路一条。起始，岂可不慎乎？辛苦努力，代价重重，硕果累累，终局胜利之光在望，此时易生乐观松懈的情绪。殊不知，人事难料，世事难料，前程难料，临近终局胜利的微小失误竟会遭到难以意料的惩罚，付出难以想象的代价。终局，岂可不慎乎？慎始慎终，慎终如始，圣人是这样教化的。

伊尹一生慎始慎终，无论在夏桀朝廷或商汤、太甲治下，都能平安。

周公早年随父平乱，至晚年尊贵亦谨慎从事，故能善终。他告诫代自己受封于鲁的儿子伯禽："我是文王之子、武王之弟、成王之叔父，在天下也不算低贱之人了。但是，我一次沐浴要多次停下来，握着自己的散发接待宾客，吃一顿饭要多次停下来，急于起身礼待俊士。唯恐失去天下贤人。你前往鲁国，务必谨慎而不要以封国在他人面前骄傲。"相反，齐恒公早期勤政任贤，晚年却贪欲近小人，终至死难收尸。

吴王夫差起初警醒努力，大胜后即纵欲虐民，也被迫自杀了结。

慎始慎终，慎终如始，成败之理自在其中。何必学"狐济濡尾"，临到岸时垂尾却被水草缠住呢？

4. 权变之分析方法

权宜变化必须学习正确的分析方法，形成良好的思维习惯。大体说来，对事物的变化应以状态、性质、缘由、关联、阶段、过程、转换、因应等若干环节进行分析和应对。

（1）变化状态：不同事物和同一事物的不同变化，会呈现不同状态。根据事物变化的真实、正反、尽可能周全的信息，捕捉某些主要因素或主要事件发生的变化标志，从直觉感悟到理性整合弄清事物的变化状态，是判定变化发生的入门，是分析变化过程的起点。信息失误，主次不分，状态不明，入门迷惑，起点偏差，必然导致整个变化分析以及行为应对陷于错误。慎始，切切不可忘记。

（2）变化性质：变化经常发生，但并非一切变化都是吉利的、良性的。合道的变化，是吉利的良性变化；失道的变化，是凶险的恶性变化。以信息为基础弄清了事物的变化状态，就要判定变化的善恶、吉凶性质，从而明确认识事物的变化趋势，这样才能谈得上行为的取舍、扬遏、进退选择。

（3）变化缘由：变化总是由一定的原因造成的，或积累而成，或突兀而降。要善于分析导致变化发生的原因——或阴阳、刚柔、善恶相推，或天地人三方相推，或组成事物的诸方面、诸层次相推，正是事物两面、三方、诸方面、诸层次的影响、作用、冲突、和谐等交相推动，导致了变化的发生。分析变化，不可不研究导致变化的诸方面、诸层次的交互作用，这样才能正确因应变化。

（4）变化关联：简单的变化，也许关涉外部因素不多，自生自长，自存自亡；复杂的变化，受到外部因素的极大影响，令生令长，令存令亡。观察事物的复杂变化，不可仅限于内部因素的推动，而要着眼于外部因素与内部因素的关联互动，用一种开放的视野审视变化。

（5）变化阶段：事物的变化，由于诸方面、诸层次的交互推动，或内部因素与外部因素的关联互动，会显现诸方面、诸层次的生长、平衡、消亡态势，从而构成变化过程的不同阶段。起始阶段、中间发展阶段、终结阶段，是事物变化发展的大体三阶段。观察变化，要善于根据不同发展阶段呈现的特点，慎始慎终。谨慎起始，可以明断价值方向；谨慎中间，可以通揽复杂要素；谨慎终结，可以顺利成功。

（6）变化过程：事物的变化岂有终止？旧的过程结束，新的过程开始；旧的一轮生长完成，新的一轮萌芽开始。终而复始展现了天道运行的永不停息，展现了事物变化的永无穷尽，展现了人类进步的永不停步，展现了人生自新的永无止境。变化、发展、进步、自新，人类顺应天道一步又一步地终结旧的过程并迈向新的过程，直至永恒。

（7）变化转换：权宜变化必须注重发展过程或发展阶段的转换，把握转换关头的关键时刻。新旧过程、新旧阶段的交替转换是不可避免的旅程，新旧特点和新旧任务的交替转换也是不可避免的遭遇。停步不前，会成为因循守旧的顽固派。在转换关头，高度集中精力，主动掌握态势，努力除旧布新，就能顺利实现转换，从旧过程、旧阶段进入新过程、新阶段；在转换关头，精力涣散怠惰，被动随波逐流，新旧浑然不觉，就难以顺利完成转换，仍陷于旧的发展过程和旧的发展阶段。

（8）变化因应：变化永不停息，我们对变化的因应也是永无止境的。因应变化发展的不同阶段、不同过程及其转换的特点和态势，动静、上下、显隐、屈伸、起伏，或坚持，或修正，或放弃，或更新，与时推移，应物变化，设策之机，权变无穷。圣人权宜变化达到神化的境界，无不通了，无不顺了。

黄帝见炎帝神农氏世衰，天下陷乱难挽，遂做好战争准备：

首战榆罔帝炎军，三战平服；

次战蚩尤强敌，擒杀蚩尤；

继续征战余敌，统一中国；

征战结束，从战争转入治政，设官安民，安定中国。

此外，伊尹辅助商汤平夏桀、促太甲悔改，周公助武王伐纣、平息管蔡之乱、辅佐成王制礼作乐，姜太公出计谋助周文王伐乱、辅佐周武王讨伐商纣、安定封国齐，管仲任齐相因应齐地实情、民俗治国，郑国贤相子产身居小国乱世善处政事而匡救时难，晏婴处乱善治且谨慎得保一生平安，孔子速久进退一生行道不已，范蠡对吴越战争和各种境遇的智谋应对，等等，无不显示中华圣哲权宜变化的极高智慧。

（四）执一不变的危害

常道是恒常永存的正理，但它的具体运用绝非凝固不变，而要随着时间、地点、对象、情况的变化而权宜变化。只知常道，不知权变，不仅难以取得成功，反而会带来危害。

春秋时期的宋襄公施仁爱于进攻之敌楚军的故事，就是千古流传的执一不变带来危害的突出事例。阳处父执一刚强性格专权犯众招杀身，狂狡援敌兵器救敌而被擒，泄冶对乱世君臣指责而招难，伯姬遭火灾拘礼被烧死，祁盈擅自伐恶而挑战君权惨遭灭族，文种位极权重不知避退被迫自杀，子路刚直勇武不知权谋惨招杀戮，经典史载种种执一不变遭危害的人和事比比皆是，人立身处世可不知权变吗？

我们说，中庸之德为极致德行，禀承无过无不及的执中之道，已经接近了真理，但这是就常道而言的，并非真理的全部，万万不可忘记权变的变道。离开了权宜变化，纵然是奉行中庸至德，也会败坏道的推行。

> 孟子曰："杨子取为我，拔一毛而利天下，不为也。墨子兼爱，摩顶放踵利天下，为之。子莫执中，执中为近之。执中无权，犹执一也。所恶执一者，为其贼道也，举一而废百也。"
>
> ——《孟子·尽心章句上》

（五）徒知权变的祸患

如果说，执一不变带来的危害屡见不鲜的话，那么，徒知权变造成祸患的人和事更是数不胜数，它会使治世变成乱世，乱世变为大乱之世。中国春秋战国时期就演出了这么一场莫大的悲剧。徒知权变之人，抛弃常道，眼中概无一切敬畏、公则、德行，唯利是图而无所不为，若加上聪明才智就如虎添翼而祸患无穷了。也许，祸患一时未成，但这只是尚无机会而已。机会一到，基于个人利益而无所不为以至可以践踏一切真理道义的品性就会开辟出路，从而酿就莫大的祸患。遗憾的是，人们会嘲笑执一不变的愚痴之人的危害，而对显而易见的徒知权变以至唯利是图而无所不为的祸患却往往熟视无睹，甚至还会倍加赞赏。这，岂不悲哀？

齐桓公的亲近宠臣易牙、竖刀，杀子、自残取宠作乱，断送齐国的霸业；晋献公夫人阴险谮言为子争夺太子之位导致晋国诸公子遭难；晋臣叔鱼不失机会贪占财物终至害人害己而祸乱晋国；阳虎奉行“仁者不富，富者不仁”的乱世信条，唯利是图，狡诈善变，无所不为，最后动乱鲁国，离间齐国，祸害晋国，自己也落得流亡在外，寄人篱下；战国盆成括恃才妄行招杀身之祸，等等。唯利是图而无所不为这种徒知权变的祸害，造成的灾难真是数不胜数。

务须强调，对徒知权宜变化而背弃恒常道义、唯利是图而无所不为的祸害，我们绝对不可低估。中国春秋战国乱世，尚权谋变之人不在少数，强国能臣、外交高手、善战武将风行一时，但天下丧失道义，上下唯利是图，也只是大乱而已。《春秋》之中，杀君三十六，亡国五十二，诸侯奔波流离不保祖先之业者不计其数，平民百姓更是饥寒交迫、死亡累累而无人过问。战国时期燕、赵、韩、魏、秦、齐、楚七雄争霸更为酷烈，动辄杀人数万、十几万，说白骨遍野、尸积成山并不为过。仅秦赵长平一战，秦将白起以受降欺诈赵军，活埋了赵国投降士兵四十万人，前后斩首俘虏四十五万人。这段春秋战国大乱之世，竟然蔓延了五个半世纪之久，民众生命、民族发展为此付出了惨痛的代价。史鉴使人明智，徒知权变而祸患无穷的历史真谛，切切不可忘怀！

所以，当我们津津乐道于《周易》变道的时候，也绝不可忘记孔大圣人的谆谆告诫：洁净平静，精细察微，是《周易》的教化。《周易》教化的不足在失正。洁净平静、精细察微而不失正道，那才是深知《周易》教化之义。

总而言之，要避免执一不变的危害和徒知权变的祸害，我们就只有把秉执常道正理和善于权宜变化结合起来，走向通达大道的极致境地。

三、常变合一

儒家之道含不变常道和权宜变化两端，不变常道和权宜变化两端相辅相成、融会贯通、合而为一，就形成了道的全理。

（一）道的两端

道含不变常道和权宜变化两端。

1. 不变常道

皇天主宰，人性为本，天人合一；奉守公则，修养德行，则德合一。这是不变常道，具有恒久价值。禀执常道，就能坚持善良理念和正确价值，坚持有原则的节制，走上持久发展的正道；违逆常道，就会产生邪恶理念和错误价值，变成无原则的放纵，踏上歧途。

2. 权宜变化

权宜变化，是儒家之道的生命活力，是顺应时间、地点、对象、情况的变化以权衡适宜而变化，它包括预做准备、见机而行、慎始慎终和正确分析等基本智慧。通达权变，就能合乎实际地思考、行事，推进道的运行，取得人生的成功；离开权变，就会脱离实际而固执不变，败坏道的运行而遭到人生的挫败。

（二）常变合一

圣人的教诲和经典的传述告诉我们，儒家之道既含不变的常道，又含权变的智慧，不变的常道和权变的智慧相辅相成、融会贯通、合而为一，才能形成道的全理。

1. 常道和权变的相辅相成

常道和权变虽所指不同，但它们并不是相互排斥、冲突的，而是相辅相成的。常道赋予权变正确方向，权变使得常道合符实际，常道和权变相互辅助方能成就持久的成功。

2. 常道和权变的融会贯通

常道和权变不是截然分割的：常道贯通权变，权变蕴含常道，常道和权变是融会贯通的。此存彼存，此中有彼，彼中有此。尽管存在“反常而合道”的例外情况，这也是小道、小信、小义服从大道、大信、大义，个人小节服从天下大义；或者动机、行为、结果都合符正道义理，是自我贬损而不伤害人以求权变通达；或者只是一时一事的权宜之计，事后必然回归常道正理。

3. 常道和权变的合而为一

仅执常道并不是道的完全，徒知权变更不合道的基本，偏执常道和权变的任何一端，不是败坏就是离弃儒家之道。儒家之道，是常道和权变两端合而为一的，偏执任何一端都不合道。禀持常道原则而应对百变事态，权宜变化不忘常道原则，这就走向通达大道了。

前《志》有之，曰："圣达节，次守节，下失节。"

——《春秋左传·成公十五年》

荀子曰："夫道者，体常而尽变，一隅不足以举之。曲知之人，观于道之一隅而未能尽识也，故以为足而饰之。内以自乱，外以惑人。上以蔽下，下以蔽上，此蔽塞之祸也。"

——《荀子·解蔽篇第二十一》

伏羲氏始创八卦，炎帝、黄帝、尧、舜、禹、商汤、周文王、周武王、周公、孔子、孟子以及荀子等中华圣人前仆后继，一脉相承。我们对中华古圣充满敬畏之情，崇敬圣人能奉道而行，立道而变，畏惧自己会逆道而为，执一不变。可是，仔细思量，圣人之所以成圣，不就是因为他们坚持奉道而行吗？

舜是东方之人，文王是西方之人，地距千里之远；舜和文王，生活年代相离遥远，时隔千年之久；尧舜生于治世，孔、孟、荀生于乱世，所处时代截然不同；尧、舜富有天下，孔、孟、荀财富平平，贫富完全相异；尧、舜贵为天子，孔、孟、荀长为平民。可以说，东圣西圣，地距千里；先圣后圣，时隔千年；治圣乱圣，世道迥异；富圣贫圣，财富大差；贵圣平圣，地位悬殊。但是，不论圣人们生活的地点、时间、世道、财富、地位等的差异有多大，他们奉道而行则是一样的。道，是圣人成圣的根本所在。也就是说，中华圣哲不仅坚持常道正理，还善于结合具体的时间、地点、对象、情况灵活行道，常道和权变相辅相成。

可见，常人亦可成圣。成圣并非可望不可及，而是可望又可及的。能禀道而行，人人皆可能成圣，人人皆可能成为尧、舜。

这是因为，道并不远离人，远离人就不是道了。道，无时不存，无处不在，贯通天地、万物、人世、人生，只要我们存心向学，虔诚去找，就一定能找到。上天怎么会降赐人类难以达到的行事准则呢？圣人怎么会要求世人坚持难以奉行的做人道理呢？

我们在敬畏圣人的时候，想过自己也一样能够成为圣人吗？不用悲观，不要失望，只要能禀道而行，执持常理而权宜变化，我们也一样能够成为圣人，一样能够成为尧、舜。

这，就是中华圣人对我们的启迪。人，理应有这种通达成圣的自信！

只是，别忘了道，别忘了常道和权变，别忘了完整的道！

最后，我们用孟子的几段话来结束本章对道的认知的通达。

> 孟子曰："君子深造之以道，欲其自得之也。自得之，则居之安。居之安，则资之深。资之深，则取之左右逢其原。故君子欲其自得之也。"
>
> ——《孟子·离娄章句下》

> 孟子曰："五谷者，种之美者也。苟为不熟，不如荑稗。夫仁亦在熟之而已矣。"
>
> ——《孟子·告子章句上》

孟子曰："有为者辟如掘井，掘井九轫而不及泉，犹为弃井也。"

——《孟子·尽心章句上》

孟子曰："日月有明，容光必照焉。流水之为物也，不盈科不行。君子之志于道也，不成章不达。"

——《孟子·尽心章句上》

第四节　知行合一的实践根据

知为知道，行为行道，知行合一即知道和行道的合而为一。

一、知道

知道，即了解道、认识道。道，是世界运行变化的规律、真理，是天下万物共同存在的原理、根据，是人世人生发展进步的本质。认识了道，也就把握了天地、万物、人世、人生变化的根本。作为一个自觉生活于世的明白人，知道是人生的必修课。

子曰："朝闻道，夕死可矣。"

——《论语·里仁第四》

二、行道

行道，即实行道、实践道。道是天、地、人的真理，但道不会弘扬人：天工，要靠人代替完成；道，要靠人弘扬光大。离开了人的行为、实践，再美的杰作也只是天工的设计而已，再高的功业也只是天宫楼阁而已。实践，只有实践，才是把道弘扬于世、以道改善世人的不二法门。

> 子曰："诵《诗》三百，授之以政，不达；使于四方，不能专对。虽多，亦奚以为？"
>
> ——《论语·子路第十三》

三、知行合一

知行合一，是指知道和行道合而为一，共同形成道的运行。知道是行道的基础，行道是知道的目的；只有在知道的基础上行道，才能正确地指导世人实践道；以行道为知道的目的，才能有效地弘扬道的真理而培育人类、改善世界。

（一）知道是行道的基础

我们说，知道是行道的基础，就是说人类的合道行为必然建立在认识了解道的基础之上，人类的行道实践也必然以认识了解道为指导。既不知道，何以行道？虽也有偶合暗合道而取得成功的情况，但由于内心并不是真知道而陷于迷误，违道逆道而招致挫败也是迟早的事。

离开了知道的基础，犹如房屋建在无地基的平地上，风吹雨蚀也会使之坍塌。人类无道而行，也必将违逆正道或不知权变，世道陷于乱世以至大乱之世也只是自然的结果了。

（二）行道是知道的目的

人类之所以要学习道，达到道，立于道，弘扬道，目的就在于要实践道，以道培育自己，改善人类，改善世界。既不行道，何由知道？不如放任自己吃喝玩乐，何必长幼向学、早晚祈祀、立志闻道而徒费时日呢？世间虽有纯粹只知学习、完全以学为兴趣之人，但这并不是儒家倡导的，且就人类整体而言，学习的目的总在于应用，学道的目的总在于行道。

在明确了学道的目的在于行道之后，我们还须知晓虽学道并不容易，但行道才是更加复杂、更加艰难的。如果说，我们通过学经、怀圣、求教、祈祀尚可知道的话，那么由于关涉到各种内外条件的匹配，要推行道、实践道就更困难了。

> 傅说曰："非知之艰，行之惟艰。"
>
> ——《尚书·说命中》

（三）知行合一的若干义理

简略而言，知行合一即是知道和行道的合而为一，也就是以知道为基础、以行道为目的的人类认知、实践活动。知行合一是人类实践的根据：知道不离行道，行道不离知道，知道和行道两者结合构成实践活动的内在根据。

具体而言，要达到知行合一的境界，务须明白知道本身应予通揽、行道过程更不可忽视的关涉到利益、法纪、教化、技能、器用、成势、制度等诸多因素的若干义理。

1. 道利合一以聚人

人性是以利为本的，人类也是必然追求利益的。行道切切不可忘记人的利益。道不远人，也就不远离人性，道也就不远离人的利益。人行道而远离人、人性、人利，就不可以行道了。学道行道之人，不可不时时警醒，是否远离了人、远离了人性、远离了人利，从而不断修正自己的行为以合于道，理财聚人。

周文王治理周邦，施仁政，就把周国百姓的合理利益作为施政之本：推行井田制把土地公平分配给农民，从政的人世袭俸禄，城关、市场稽查而不征税，湖泽山地不禁捕猎，兴建园囿与民同享，犯罪的人不牵连后代，施政先顾及鳏、寡、孤、独等穷困的人。文王的仁德称誉于天下及后世。

2. 道法合一以匡世

人天生以利为本，追求利益是人的本性，若无公则法纪的规范则无以节制人欲的贪婪、放纵、争夺，故儒家圣王治世无不重视公则法纪的设置，这是因循“以利为本”的人性的必然举措，是人类生存于世均须谋利的必然命运，是匡正人世逐利的必然规范。虽然不可干涉人的必要自由，不可不施公则法纪教化妄施惩罚，不可滥用公权私权滥施惩罚，但遵守人类群居共处的公正、公平、公义的公则法纪则是维系人类群体、社会正常秩序的必然要求。

王曰：“永畏惟罚，非天不中，惟人在命。天罚不及，庶民罔有令政在于天下。”

——《尚书·周书·吕刑》

唐尧治世注重“匡之直之，”虞舜理政以“五刑”辅助“五教”，周公“制礼作乐”而明示官德官制，周穆王颁行公允合宜的“吕刑”治理逆乱，等等。中华圣哲倡扬公则、制定法纪的治世宝训，为我们留下了以法治国的珍贵传统。

3. 道教合一以育人

人并不是单一追求物质的经济动物，在追求物质利益的过程中，不可不施以教化。先知先觉者以道的真理教化后知后觉者，带动不知不觉者，使其具有物质欲望、情感欲望、社会需求、精神皈依的健全人性，遏制邪恶，弘扬良善，培育人成为真正意义上的人，而不至混同于徒知肚腹满足的禽兽，避免把人类社会变成弱肉强食的丛林世界。

唐尧在位时，已申明要满足民需，匡正民行，振兴民德。虞舜治政，也把教化世人放在突出地位：舜任司徒主管教化，施行“父义、母慈、兄友、弟恭、子孝”五常人伦教化理顺家庭关系；辅尧主政，礼宾四门让诸侯、宾客知礼守节，举用圣贤之后“八元”遍施“五教”于四方，举用群贤也屡加政教并遍施德教，任命贤仁之臣谨施“五教”，还任命乐官教化年轻人，等等。虞舜不仅明确了教化官员的职能，且明确了官员要通过考察决定升免的制度。由于尧、舜以道教化世人，使民风民俗淳厚融洽，尧、舜时代号称“盛世”，尧、舜亦被称为“人文始祖。”

4. 道技合一以精事

上天要创造一个繁荣的世界，离不开人类的智慧；要创造一个富强的社会，离不开人类自身的努力奋斗；个人要创造一个幸福的人生，离不开个人的勤勉劳作。敬业是人类的义务。除了学道行道以立本之外，人类为了有效高效完成天工、履行职事，还必须学习专业，学习技能，学习手艺，使人能够增强能力，改善工具，擅长职事。学技失道难做人，学道无技难理事，道技合一才能行进在至上主宰的大道和人间世事的坦途上。

一般言及儒家重视技术、专业、手艺，总会引用《论语》中孔子所说的“工欲善其事，必先利其器”，这是不够的。实际上，中华远古早期圣人就十分重视技术问题：伏羲结绳制网捕鱼、猎兽，炎帝神农氏始制耒耜，黄帝创制车、船，都是注重生产技术和生活技术的例证，都是为了满足人民生产需要和生活需要的技术发明。

儒家经典《周礼》对远古重视工艺技术作了更加详细的记载。国家有六类职业，百工即是其中之一：坐而论道，叫作王公；起而执行，叫作士大夫；量材制器，叫作百工；流通珍异，叫作商旅；尽力耕作叫作农夫；丝麻成衣，叫作妇功。

智者创制器具，灵巧者继承下来，一生掌握持守，这叫作工匠。百工的技术，都是圣人的发明。炼金属制成刀刃，凝结土制成陶器，发明车行于陆地，发明船行于水上，这些都是圣人的杰出贡献。

天有时令，地有寒暑，材有优劣，工有巧拙。只有将天、地、材、工四者结合起来，才能制造出优质的器具。

古代的工匠，制木的有六种，制皮的有五种，饰色的有五种，刮磨的有五种，制陶的有两种。

而每一种工匠，都有详细的规格、功能、材料、工艺、检测、等级等技术要求。如果不嫌枯燥的话，可以详读一下儒家经典《周礼·冬官考工记第六》一章，这样就可以对儒家精致的技术观念有所了解了。

儒家不重技术？谬也。儒家圣人，发明了技术；远古先民，传承了技术；能工巧匠，掌握了技术；儒家经典，记载了技术。只不过，秦汉以下的儒家忽视了“技术”这一板块，我们不能把罪过推到“老祖宗”的头上。道技合一，这才是儒家大道的真知义理，我们要继承这一优良传统，坚持道技合一的义理，在学道的同时，学好专业，学好科学，学好技术，学好工程，学好手艺，做一个会做人、能做事的中华圣哲传人。

5. 道器合一以合宜

道是根本原理、内在根据，器是具体形式、外在体现，道器合一也可以视为大道真理和时代现实的结合。离弃了道，就丧失了立世根本；不明现实，也不能举措合宜。道器合一，我们就能依据普遍真理应对复杂现实，创造世界的繁荣和人生的幸福。

《左传》曰：“夫能固位者，必度于本末而后立衷焉。不知其本，不谋；知本之不枝，不强。”

——《春秋左传·庄公六年》

《周易》曰：神农氏没，黄帝、尧舜氏作，通其变，使民不倦；神而化之，使民宜之。《易》穷则变，变则通，通则久，是以“自天佑之，吉无不利”。

——《周易·系辞下》

伏羲氏始作八卦，结绳制网、教民渔猎；炎帝神农氏发明耒耜，教民农耕，日中而市；黄帝修德振兵，平息战乱，始创国家；唐尧顺天应时，制作农历，普授民时；虞舜理顺人伦，擢拔贤良，摈弃邪恶。这些远古圣王，都能结合生活时代的需要，推动这一时代需要的满足，真可谓一代人做一代人的事。

6. 道势合一以成治

道的实行，关乎形势、走势、趋势、大势。若能成势，君子之道长，小人之道消，乱世变为治世，治世还可变为大治之世；若不能成势，小人之道长，君子之道消，治世变为乱世，乱世还可变为大乱之世。道之成势与否可酿就治乱的奥秘，学道行道之人不可不明：星星之火，可以燎原；小小裂缝，酿成堤灾；杯水车薪，难以灭火。这些俗谚，也在讲成势与否可定吉凶祸福的道理。

道之贵者时。其行，在势。

——《春秋穀梁传·僖公二十二年》

商汤、周武王起初都仅是一个邦国的诸侯，却因能够顺天应民，任贤选能，增强军力，讲求谋略，由小到大，由弱到强，由寡到多，形成了覆灭夏桀、商纣的大势，一举流放夏桀建商，灭纣兴周，开创了新朝。

孔子、孟子和荀子生活在“无义战”的春秋战国乱世，当时的中国已被诸侯、群雄分裂割据，形成诸侯争霸、群雄争强的既定格局，尽管这些卓越圣人已经达道通道，却未能获得天下的归宗支持，形成规制天下的“势”，只能著书立说、教化弟子以待后人实行，而听任无道乱世更乱、无义战争更烈的必然结局。这就是：道行，在势；道不行，在无势。

7. 道制合一以长久

制，即制度，一个国家的组织方式和治理方式。行道，要设置相应的制度匹配，这样才能保障一个国家朝向合道的方向持续发展；行道，若没有相应的制度匹配，就不能保障一个国家朝向合道的方向持续进步。儒家经典记载，远古中国存在过“天下为公”的大同之制，夏禹、商汤、文王、武王、成王、周公建立的是“天下为私”的小康之制。这两种制度，在不同程度上体现了道制合一的儒家义理。

> 王曰：“学古入官，议事以制，政乃不迷。其尔典常作之师，无以利口乱厥官。”
>
> ——《尚书·周官》

> 荀子曰：“圣人者，尽伦者也；王也者，尽制者也。两尽者，足以为天下极矣。故学者以圣王为师，案以圣王之制为法。”
>
> ——《荀子·解蔽篇第二十一》

黄帝经过阪泉三战和涿鹿大战，东讨西伐，南征北战，统一了中国。征战结束，黄帝即创立官制：设置了以春官、夏官、秋官、冬官、中官命名的官职，任命了左右大监以监察天下邦国，举用了一批贤能大臣治理民事，开创了建立官制治国的先河。

周武王败灭商纣兴国之后，封土建诸侯，封赐功臣、圣后。设置公、侯、伯、子、男五等爵位，分封公侯百里、伯七十里、子男五十里三品土地，贤德之人在位，才能之人任职，安定天下。

周公亲征三年平定管蔡叛乱之后，立即确立治理天下的官制：制作《立政》，明确用人之道；又制作《周官》，设置了周朝官制。

黄帝、周武王、周公不仅行道平服天下，还注重设置制度安定天下，这就是道制合一的儒家义理了。

这就清楚地告诉我们，圣人之道要与圣王之制相匹配。

但是，在中华圣哲看来，制度并非不可变，随着时代的变化，制度也是可变、宜变、应变的，我们务必戒忌执一不变的制度僵化。

> 五帝殊时，不相沿乐；三王异世，不相袭礼。
>
> ——《礼记·乐记》

总而言之，知道与行道两者合而为一，进而通揽推广至道利合一、道法合一、道教合一、道技合一、道器合一、道势合一、道制合一等义理，这是我们实践的根据和行事的指导。

第五节　治乱合一的历史奥秘

治，是治世；乱，是乱世；治乱合一，即是治世与乱世合而为一的历史运行。本章即要破解中国自上古起就治乱循环不已的治乱周期或称“民族之咒”的历史怪圈。

一、治世

治世，即成治之世，奉道而行的世代，详察起来，治世又可以分为大同世和小康世。

（一）大同世

大同世，孔子作了完整的描述。

> 子曰：“大道之行也，天下为公，选贤与能，讲信修睦。故人不独亲其亲，不独子其子，使老有所终，壮有所用，幼有所长，矜寡孤独废疾者皆有所养。男有分，女有归。货恶其弃于地也，不必藏于己；力恶其不出于身也，不必为己。是故谋闭而不兴，盗窃乱贼而不做，故外户而不闭，是谓大同。”
>
> ——《礼记·礼运》

大同世，奉行大道真理，大道大行；天下为公，选举贤能，实行远古民主制；实施德行教化，讲诚信修和睦，利己又利人，人人各得其所，良善成俗而邪恶受遏。其根本特征是推行大道，天下为公，和睦大同。

（二）小康世

小康世，孔子也作了完整的叙述。

> 子曰："今大道既隐，天下为家。各亲其亲，各子其子，货、力为己。大人世及以为礼，城廓沟池以为固，礼义以为纪，以正君臣，以笃父子，以睦兄弟，以和夫妇，以设制度，以立田里，以贤勇知，以功为己。故谋用是作，而兵由此起。禹、汤、文、武、成王、周公，由此其选也。此六君子者，未有不谨于礼者也，以著其义，以考其信，著有过，刑仁讲让，示民有常。如有不由此者，在势者去，众以为殃，是谓小康。"
>
> ——《礼记·礼运》

小康世，大道隐微难见；天下为家，人各为己；天下以礼义为纲纪，示民有常则；不行礼义，将受惩罚。其根本特征是大道隐微，人各为己，纲纪有序。

尽管大同和小康存在差异，但总体而言，治世有道可循，安平有序。

二、乱世

儒经《礼记》记载了大乱之世。

> 人生而静，天之性也。感于物而动，性之欲也。物至

知知，然后好恶形焉。好恶无节于内，知诱于外，不能反躬，天理灭矣。夫物之感人无穷，而人之好恶无节，则是物至而人化物也。人化物也者，灭天理而穷人欲也。于是有悖逆诈伪之心，有淫佚作乱之事，是故强者胁弱，众者暴寡，知者诈愚，勇者苦怯，疾病不养，老幼孤独不得其所。此大乱之道也。

——《礼记·乐记》

乱世，是无道之世，灭天理而穷人欲；人心败坏，逆乱风行；强胁弱、众暴寡、智诈愚、勇苦怯，贫病孤寡的人难以维生。其根本特征是天下无道，穷尽人欲，败坏逆乱。

三、治乱合一

自上古起，中国历史存治世、有乱世，治世和乱世交替合一成一部中华民族的变迁史。

据儒经记载，中国远古尚有大同之世，但自夏、商、周三代以来，一治一乱，治乱交替，治乱循环：夏禹受禅成治，终至夏桀逆乱亡国；商汤伐夏归治，商纣暴虐乱国；周文王、周武王、周公灭商兴周，促成成康之治，幽、厉纵欲失国，春秋战国大乱终至周灭。其间虽见中兴有治，但治乱循环犹如“民族之咒”，灾难周期反复降临，成为中国历史摆不脱、跳不出的“怪圈”，持久困扰中华民族数千年。

对于这一困扰中华民族数千年的治乱循环的“民族之咒”和“历史怪圈”的奥秘所在，无须我们深入探讨，儒家亚圣孟子、后圣荀子在两千多年前便已说得清清楚楚、明明白白。

孟子曰："天下有道，小德役大德，小贤役大贤；天下无道，小役大，弱役强。斯二者，天也。顺天则存，逆天则亡。"

——《孟子·离娄章句上》

荀子曰："道存则国存，道亡则国亡。"

——《荀子·君道篇第十二》

天下成治或陷乱的根本缘由和最大奥秘在于行道与否。有道，天下成治；无道，天下必乱。

总之，漫长的中国历史，曾存在过"大道之行"的大同世，也曾享有成治的小康世，更饱经了乱世之苦。无论是大同、小康还是乱世，都取决于世人的选择，取决于世人是行道还是弃道的选择。

第六节　殊途合一的大道共识

殊途，是指儒家和诸历史宗教存在差异；殊途合一，即儒家和诸历史宗教同归于大道共识。

一、殊途

孔子是儒家思想的集大成者，他早已意识到世界的广阔：他登上东山就觉得鲁国小了，登上泰山就觉得天下小了。我们信奉儒家，但并不认为真理为儒家一家所独占，世界的诸多宗教与儒家有明显差异，却殊途同归。

儒家和人类诸历史宗教如道教、佛教、印度教、犹太教、基督教、伊斯兰教等之间，基于源起的背景、创立者、经典等的不同，存在着显著的差异。

1. 教义的差异

儒家和诸历史宗教的教义是有区别的，首先是尊奉教义的不同，形成了不同的宗教，它体现了人类精神信仰的多元化。

2. 仪式的差异

儒家和诸历史宗教或多或少、或繁或简地存在种种祭祀、祈祷、修炼仪式，这些仪式或者大型豪华，或者小型节俭，或者家庭合祭，或者个人静修，形式不拘一格。

3. 诉求的差异

儒家和诸历史宗教都有诉求人们情感和理性的方式。如何激发信众的虔诚敬畏情感，如何形成信众特别是精英人士的忠诚信服理性，各个宗教的方式是不一样的。

4. 故事的差异

儒家和诸历史宗教都在讲述一些富有生命力的故事，如神话故事、传说故事、历史故事。通过这些故事的讲述，能增加信众对教义的接受和理解，但不同宗教讲述的故事却是不同的。

5. 律法的差异

儒家和诸历史宗教都有一套自己的规则、戒律、律法，它们规范信众的行为，但规则、戒律、律法的条文，不同宗教也不完全一样。

6. 伦理的差异

儒家和诸历史宗教无不倡扬信众应遵奉一定的伦理道德，但与律法的情况相似，各宗教关于伦理道德的具体内容也是详略不一且要求各异的。

7. 组织的差异

儒家和诸历史宗教都有一定的组织形式，会聚信众形成书院、教会、教派、僧团等。它们或为官办，或为民办，或为入世，或为出世，或更民主，或讲等级，组织形式和制度设置多种多样。

8. 物质的差异

儒家和诸历史宗教都要以一定的物质形式予以体现，天地、山川、建筑、塑像、图画、摆设、祭品、服饰、音乐、歌吟等，这是信众能直接感触到的具体、生动、形象的重要宗教表达。这些物质表达方式，不同宗教也不一样。

儒家和道教、佛教、印度教、犹太教、基督教、伊斯兰教等在教义、仪式、诉求、故事、律法、伦理、组织、物质等方面的差异，显示了人类精神的丰富和文化的多彩。

儒家并不认为世间存在差异就会引起冲突，就会酿成灾难，而是看到差异的益世功效，并且主张求同存异。

> 天地睽而其事同也，男女睽而其志通也，万物睽而其事类也：睽之时用大矣哉！
>
> 上火下泽，睽；君子以同而异。
>
> ——《周易·睽·彖象》

孔子不愧为儒家的集大成圣人，他也看到天下事物也存在精神文化的差异，但并不忧虑这些差异和区别，而认为万物归向一致而道路不同，万物归本于道而谋虑百种。

> 子曰："天下何思何虑？天下同归而殊涂，一致而百虑。天下何思何虑？"
>
> ——《周易·系辞下》

面对不同事物和不同思想，儒家禀承中华古圣的博大胸怀，认为天地的伟大就在于能兼容万物，并行道义，大德小德各随其宜。

> 万物并育而不相害，道并行而不相悖。小德川流，大德敦化。此天地之所以为大也。
>
> ——《礼记·中庸》

二、殊途合一

儒家与诸历史宗教在宗教教义等诸多方面存在显著差异，使我们可以把儒家与其他宗教彼此区分。然而，儒家与道教、佛教、印度教、犹太教、基督教、伊斯兰教之间存在的同归性、一致性、共同性也是显而易见的，在其最高义理和最基本义理——道上是殊途同归的，它们通过不同的道路达成大道真理的共识。攀登者沿着不同的路径，到达山峰极顶，风光却是一样的绝美。儒家的孔圣人并没有说错：天下同归而殊途，一致而百虑。

儒家和诸历史宗教都认同：

（1）世界存在着一个至高无上的最高主宰。尽管在称谓、名号上有所不同，但它们均认为至上主宰至慈至善、至公至正、至智至能、至威至强、无所不存、无时不在和奥秘无穷的禀赋却启示世人、佑助世人、监察世人、纲纪世人、拯救世人，令人类敬畏不已。最高主宰，是人类的终极信仰；最高主宰，是人类的敬畏本源。

（2）人类具有血肉身体和精神灵魂，肉体欲望和精神欲望是人类的本性需求。人不可禁欲绝欲，更不可放纵欲望，这就必须节制人类私欲的放纵，走既不禁欲绝欲又不放纵私欲的节欲中道。

（3）最高主宰并不远离人，它本来就在人类的心灵之中。祭祀最高主宰，祈祷最高主宰，虔诚敬侍最高主宰，言行合乎最高主宰的正道，人就能拒斥邪魔的引诱和节制私欲的放纵，实现灵魂的净化，达到主人同一的极致境界。

（4）人世公则、律法准则、公共规则是最高主宰降示人类的行为底线，是人世人群维持正常生活秩序的起码要求。它建立在公正、公平、公义的基石之上，是人存身于群体、社会、世界都毫无例外务必奉守的天则神命。

（5）人不仅要奉守公共规则，还要修养自己的内在品格德行。只有内心自觉认同以慈爱为核心的诸种美德，才能自觉地奉守公共规则，人才能真正皈依最高主宰的益世正道。

(6) 灵界、人心、人世是善恶俱存的，去恶从善自是人的本分。善有善报，恶有恶报，善恶报应自有其时：或及时报，或在世报，或身后报，或后嗣报，或永恒报。善恶报应自有其方式：或警示报，或惩戒报，或锤炼报，或击打报，或变形报。善恶报应是人不可避逃的命运，却存在着至上主宰对于报应时辰和报应方式等不同安排的奥秘。

(7) 至上主宰之道并非执一不变、执固不通的，它因时因地因人因情而变化，显示出至上主宰的至聪至明、全智全能和无穷奥秘。人的有限智慧不可能同至上主宰的无限神智相比。在应时应地应人应情的灵活变化中坚持至上主宰的不变常道，坚持至上主宰的不变常道而因时因地因人因情灵活变化，才能达到主道的通达。

我们已经看到，人类的宗教差异和利益争执会造成人类不同民族、不同群体、不同宗教之间的冲突以至战争，它给人类带来了莫大的灾难和深重的浩劫。

我们可以看到，人类的宗教认同和利益谐和能带来人类不同民族、不同群体、不同宗教之间的共赢以至繁荣，它给人类带来的是和平的福祉和世代的康宁。

我们就面临着这样的抉择：或者继续扩大差异而酿就更大灾难和更重浩劫，或者求同存异而走向新的和平福祉和世代康宁。

生活在新时代和新世纪的人们，为了共同的生存利益和发展利益，正越来越认识到宗教和平与宗教共容的重要性。

先圣先哲、有识之士都告诉我们：儒家和诸历史宗教的神圣教谕是在不同时代、不同地域、不同民族、不同人群、不同情势下的真理启示，存在因时因地因人因情的差异，但在差异启示中也贯通了真道的共同性。真理启示的差异性没有否定共同性，共同性也没有取代差异性，差异性和共同性的相辅相成，为我们展示了儒家和诸历史宗教作为人类创造伟业源泉和平而繁荣的发展前景。从不同的宗教寻求共同的主道，持共同的主道而兼容不同的宗教，不同的宗教相辅相成为共同的主道，不同的宗教和合融汇在共同的大道真理光明之中。

我们相信，尽管人类宗教和世界发展的前景也存在扑朔迷离的风险，但如果我们善处差异而不是一味扩大差异，寻求真理启示的共同性而兼容诸种宗教的差异性，能够节制人类唯利是图的私欲放纵，我们就能够迈进一个和平、发展、进步、繁荣的新世界。

我们相信，正在复兴的中华儒家文化，能够秉承儒家孔圣“天下同归而殊途、一致而百虑”的博大胸怀和“立己立人、达己达人”的共荣睿智，遵循共同的真理大道和儒家的道义原则，为人类进入和平、发展、进步、繁荣的新世界作出自己的卓越贡献。

第七节　诸基本义理的相辅相成

儒家之道并非支离破碎的思绪堆砌，它是由天人合一、则德合一、常变合一、知行合一、治乱合一、殊途合一相辅相成的完整信仰体系和思想体系。

天人合一，是讲儒家的终极信仰之道，它是儒家之道的起点、原点和支点。

则德合一，是讲天人合一之道运行于人类社会的行为公则和个人修身养性的美德素质。

常变合一，是讲坚持天人合一信仰、奉守人世行为公则、修养个人美德组成的常道还须与因应时间、地点、对象、情况灵活应变的权变相结合的人生智慧。

知行合一，是讲明识天人合一、则德合一、常变合一大道义理须在实践中贯彻，把认知和实践结合起来。

治乱合一，是揭示天下治乱兴衰的奥秘，即在于奉行道的基本义理与否。

殊途合一，是讲儒家之道推广而旁通，它和道教、佛教、印度教、犹太教、基督教、伊斯兰教等历史宗教虽存显著差异，但在最核心义理和最根本义理——道上殊途而同归于大道共识。

由此可以看到，儒家诸基本义理环环相扣、逐步推出、前后衔接、一气呵成而成大道全理。执持一理而否弃他理，我们就不能完整把握儒家之道的全理。因此，拘泥于一字一句一篇一部一理而无视他字他句他篇他部他理的相辅相成，是难以得道的：广博地学习而详细地解读，再返回到简易阐述精义的地步，的确是学道通道的正确方法。

所以，在我们不全面了解时，可以随意褒贬儒家，或誉之为“中国国体”，或贬之为“保守落后”，但现在我们应该知道，无论是肯定或否定儒家，我们需要问明三个问题：

你是谈论谁的儒家？是中华古圣先哲的儒家呢，还是秦汉以下以维护皇帝专制制度为宗旨的儒家？

你在谈论儒家的什么？是儒家永恒常在的大道根本呢，还是儒家因应具体时代的可变宜变应变的制度、礼仪、意识？

你谈论的儒家范围如何？是儒家一方面的义理呢，还是儒家诸方面义理相辅相成的大道全理？

可以说，对以上这三个问题的不同回答，必然会导致人们思想、言论、行为上的大相径庭。

我们的回答是，我们谈论的是中华古圣先哲的儒家，我们谈论的是儒家永恒常在的根本原理，我们谈论的是儒家诸方面原理相辅相成的大道全理。

一个字：道。

附录一　儒家大道千字诗

儒家经书万万千，简易精义千余言。
学子读经明真谛，请诵大道千字诗。

明识大道见世理，相辅相成不可忘：
天人合一有信仰，则德合一有原则，
常变合一有智慧，知行合一有根据，
治乱合一有奥秘，殊途合一有共识。

皇天上帝乃最高，古圣先民早信仰。
天创地育万物生，监察纲纪天功伟。
皇天慈爱恤世众，本性完全难识透。
敬畏上天人本份，顺天则存逆天亡。

天赋人性利为本，本立道生枝叶茂。
肉体情感兼社会，更有精神人方人。
道心人心善恶俱，求利知节义生利。
禁欲逆性纵欲乱，民足教化治之本。

天理人性上下通，天人合一是达道。

人知养心灵存体，圣灵充盈心态平。
思圣学经可明道，受师教化也相宜。
祭祀祈祷功效奇，恭敬修德成吉祥。

人生在世有规矩，行为底线须奉守。
伤害杀盗抢骗淫，贪贿侵占拒抚孝，
逆乱内外十恶行，天理难容世不受。
教化先行再施罚，天网恢恢疏不漏。

顺天做人必修德，禀道行事须谨记：
勤新仁义礼智信，宽谦慎合成十德。
修德行道执中庸，过犹不及遭祸殃。
仁德教化重积累，修身养性永不懈。

普世公则人必守，如此可谓合格民。
修养德行人必行，如此才成自觉人。
守则乃为德行先，德行实为守则延。
人人重则守天规，喜好修德成自然。

世间人类善恶俱，识别区分知常道：
顺天循性合天人，守则修德此为善；
逆天弃性悖天人，违则失德此为恶。
善恶自有善恶报，世人相较互劝勉。

世事变化永不停，神秘奥妙难测知，
应时应地应情变，权衡适宜圣道行。

权宜变化讲谋略，知变即知神所为。
执一不变危害至，徒知权变祸难逃。

禀执常道通权变，体常尽变道方全。
圣达次守下失节，学道戒忌在中亡。
常变合一大智慧，偏执一端招祸殃。
圣人之圣本以道，常人行道亦成圣。

知道方知世界理，知道方知万事情，
知道方知人类状，知道方知人生谜。
早晨闻道夕可死，孔圣教诲奥义深。
若要成为明白人，学道通道必修课。

道非弘人人弘道，实践行道方更艰。
天工须待人代成，道行亦须人光大。
若不行道胡乱为，虽有偶成终必败。
学道不知要行道，如此又是为那般？

知行合一道运行，两相割裂功难成。
知道自是行之基，行道才是知之的。
知道行道重通揽：本利守则施教化，
技能器用皆紧要，成势建制切莫忘。

治世成治道之行，大同小康尚有别：
大同之世行大道，天下为公选贤能，
讲求诚信修和睦，人不独己成良风；

小康之世大道隐，天下为家礼义行。

乱世放纵不知节，灭绝天理穷人欲：
强者胁迫弱小者，众者暴凌寡少者，
智者欺诈愚昧者，勇者苦待怯懦者。
天下无道大乱至，人心败坏天罚降。

一治一乱远古起，治乱循环长不休。
民族之咒难破解，历史怪圈难脱开。
中华旅途多困顿，神州子民频受灾。
试问奥秘竟何在，行道与否是关键！

儒家诸教见殊途，自有差异在其间：
教义仪式诉求别，故事伦理组织分，
尚有物质形式异，人类文化喜繁荣。
天下同归而殊途，何必思虑又挂牵？

儒家道教又佛门，东西异教有共识：
世间自有主宰在，人性为本尚节制，
律法规则世皆有，怀爱修德行正道，
善恶报应人命运，灵活应变主道达。

徒见差异生冲突，只尚合一势难全。
求同存异乃洞见，殊途同归实真道：
多元之中见同一，同一之中有多元。
既知此理又节欲，和平繁荣运长久。

儒家诸理非乱杂，道以贯之成体系：
天人合一乃原点，则德合一是原则，
常变合一方通达，知行合一创世功，
治乱合一显奥秘，殊途同归有共识。

诵读大道千字诗，谨记奉行莫懈怠。
禀承大义天赐福，功到自然成安康。

附录二　古太极八卦图

通过初步了解儒家之道及其复兴意义，追寻中华圣哲对道的传承，学习儒家经典的精句，详解儒家精义道的基本义理，诵读儒家大道的简易诗篇，我们就可以进入本书的最后一个部分——“古太极八卦图”的解读了。通过对八卦图的解读可以帮助大家把握儒家大道的基本结构和简易形式。这样，从初步了解到周详认知，再到浓缩精义，从实质到形式，从内容到结构，我们就可以比较完整地认识儒家大道这一中华民族的优秀精神文化传统的最高真理和最佳智慧了。

一、图示

古太极八卦图

二、图解

（1）正圆为事物统一体。

（2）黑白阴阳鱼表示阴阳两部分（阴阳鱼中的白、黑点，显示阴中有阳，阳中有阴）。

（3）黑白交界线为中和线、平衡线。

（4）太极图圈外八卦和直线表示中和平衡态的八种变化状态并成扇形无限延伸而不离中和、平衡。

三、释义

太极八卦图意为达至极限变化之理的图形。

世存事物统一体，统一体分为阴阳两部分（阴中有阳，阳中有阴），阴阳两部分交融互动成中和平衡的第三状态，第三状态演变出万种变化而不离中和平衡。

太极八卦图，除了北宋儒周敦颐撰专著予以阐明，南宋大儒朱熹备加推崇，道家创始人老子的一段简洁话语也可帮助世人理解。

> 老子曰："道生一，一生二，二生三，三生万物。万物负阴而抱阳，冲气以为和。"
>
> ——《道德经·四十二章》

译成今文，即为：道生一体，一体生二端，二端生三态，三态生万物。万物含阴阳，阴阳交融互动致中和。

用通俗明白的文字表述，可以这样理解老子的论断：道生事物统一体，事物统一体生阴阳两部分，阴阳两部分生中和第三态，第三态生万物。万物含阴阳两部分，阴阳两部分交融互动形成中和新态。

老子之言，也可以作为“古太极八卦图”的恰当说明，这是一种阴阳两端互动中和达到万变的哲理。

四、运用

从“古太极八卦图”可以认识到，既然道创生事物统一体，事物统一体含阴阳两部分，阴阳两部分交融互动合成第三种中和平衡态，由此产生万物，万物仍含阴阳两部分归向新的中和平衡。那么，我们认识事物统一体，就应从道出发，观察事物统一体，分析其中包含的阴阳两个部分，把握两个部分的交融互动，形成它们的中和平衡，进而认识由此而生的万种变化及其阴阳两部分的中和平衡。

例一：天人合一的信仰支柱

道生一：由道而生的精神信仰。

一生二：精神信仰含皇天主宰和人性为本两端。

二生三：天理下贯人性，人性上达天理，天人合一成中和平衡状态。

三生万物：天人合一的中和平衡状态，在实际生活中呈万种变化。

万物归宗：万种变化仍存天、人两端，天人合一仍是中和平衡的理想状态。

例二：则德合一的生活原则

道生一：由道而生的生活原则。

一生二：生活原则含行为公则和修养德行两端。

二生三：行为公则为底线，修养德行为自觉，则德合一成中和平衡状态。

三生万物：则德合一的中和平衡状态，在现实生活中呈万种变化。

万物归宗：万种变化仍存在奉守公则和修养德行两端，则德合一仍是中和平衡的理想状态。

例三：常变合一的人生智慧

道生一：由道而生的人生智慧。

一生二：人生智慧含常道与权变两端。

二生三：常道是准则，权变是灵活，常变合一成中和平衡状态。

三生万物：常变合一的中和平衡状态，在复杂生活中成万种变化。

万物归宗：万种变化仍存常、变两端，常变合一仍是中和平衡的理想状态。

例四：知行合一的实践根据

道生一：由道而生的实践根据。

一生二：实践根据含知道和行道两端。

二生三：知道为前提，行道为目的，知行合一成中和平衡状态。

三生万物：知行合一的中和平衡状态，在实际活动中呈万种变化。

万物归宗：万种变化仍存知、行两端，知行合一仍是中和平衡的理想状态。

例五：治乱合一的历史奥秘

道生一：由道而生的历史奥秘。

一生二：历史奥秘含行道与背道及其治乱表相两种状态。

二生三：大同是行道盛世，乱世是背道社会，治乱合一成中和平衡状态——大道既隐而礼义犹存的小康世。

三生万物：治乱合一的平衡状态，在历史运行中呈万种变化。

万物归宗：万种变化仍因行道与否存治、乱两种形态，中国历史仍是以中和小康为理想归依状态。

例六：殊途合一的大道共识

道生一：由道而生的宗教世界。

一生二：宗教世界含彼此差异的宗教。

二生三：诸宗教存显著差异，也有大道共识，在精神世界呈多元而同一、繁荣而和平的中和平衡理想状态。

三生万物：殊途同归的理想状态，在实际宗教生活中呈万种变化。

万物归宗：宗教万种变化仍存殊途差异，多元而同一、繁荣而和平仍是中和平衡的理想状态。

例七：诸基本义理的相辅相成

道生一：由道而生的信仰支柱。

一生二：信仰支柱含皇天主宰和人性为本两端。

二生三：天理下贯人性，人性上达天理，天人合一成中和平衡状态。

三生万物：天人合一的信仰支柱，派生出生活原则、人生智慧、实践根据、历史奥秘、大道共识等诸基本原理及其他义理。

万物归宗：诸基本原理及其他义理仍存两端，两端交融互动呈中和平衡的理想状态。

也许我们可以说，“古太极八卦图”和老子的论断在思维哲理上凝结了中华圣哲的最高简易真理和最佳简易智慧，值得我们认真学习、思考和运用……

后　记

本书是对我过去几年出版的《中华开源大圣》（上下册）、《儒家道义记》、《儒家故事解读》、《儒家道义新解》五本书的浓缩、修订和提升。如果读者认为本书不够详尽的话，可以参阅上述几本书，以增加对本书的理解。

结束之际，我不能不提及成书过程中对我支持和鼓励的亲友们：宋建生自始至终注重本书的价值并不断勉励创作，周子雍一如既往地提供必要的资助，赖一涵不厌其烦地打印了几本书和本书的全部文稿，梁彦斌、徐诗荣、庄严多方支持本书的出版发行，“儒家精义讲习班”学员们的专注志热情更激发了我的诚意执着。在此，谨一并致以诚挚的感谢！其他亲友们的关心与支持就难以一一列举了。

谨愿本书的出版能够给亲友们带来欣慰，更望本书的读者能受到教益并有所启发，进而在自己的生活中作出新的创造……

联系邮箱：yilin6918@sina. com。

宋一霖

二〇一三年十一月于广州